恰到好处的沟通方式

如何拥有令人信服的沟通术

北大EMBA、特聘教授
北大纵横管理咨询顾问
桑郁 推荐

何菲鹏 编著

中国华侨出版社

图书在版编目(CIP)数据

恰到好处的沟通方式 / 何菲鹏编著.—北京:
中国华侨出版社,2010.8
ISBN 978-7-5113-0584-8

Ⅰ.①恰… Ⅱ.①何… Ⅲ.①人间交往-通俗读物
Ⅳ.①C912.1-49

中国版本图书馆 CIP 数据核字(2010)第 150803 号

恰到好处的沟通方式

编　　著 / 何菲鹏
责任编辑 / 梁兆祺
责任校对 / 吕　红
经　　销 / 新华书店
开　　本 / 787×1092 毫米　1/16 开　印张/16　字数/270 千字
印　　刷 / 北京溢漾印刷有限公司
版　　次 / 2010 年 11 月第 1 版　2010 年 11 月第 1 次印刷
书　　号 / ISBN 978-7-5113-0584-8
定　　价 / 28.00 元

中国华侨出版社　北京市安定路 20 号院 3 号楼　邮编:100029
法律顾问:陈鹰律师事务所
编辑部:(010)64443056　　64443979
发行部:(010)64443051　　传真:(010)64439708
网址:www.oveaschin.com
E-mail:oveaschin@sina.com

前言

人的一生中，穿衣吃饭是每天必做的事情，除此之外，还有一件最重要的事要做，那就是我们每天要与人沟通。

沟通在人的一生中真的很重要。当相爱的人有了矛盾，有一方主动去沟通，也许会立即和好如初，感情进一步得到升华；当朋友之间产生了矛盾和误会，及时去沟通，也许马上会得到对方的谅解和理解，尽释前嫌后，心与心的距离更加贴近，友情更上一层楼；当父母和孩子产生了代沟，做父母的放下家长的架子去真诚的和孩子沟通，不但能了解孩子想的是什么，还能知道孩子真正需要的是什么；当你在工作中，和领导、下属或合作伙伴之间，遇到棘手的难题或不顺时，诚心诚意和对方沟通，你的工作会得到对方的支持，从而达到你想要的目的。

沟通也是一门艺术，要简单有多简单，要复杂有多复杂。一个真诚的道欠，一句温馨的话语，一个简单的微笑，一个关切的电话，一束美丽的鲜花，都可以成为我们沟通的最好方式。当然，世间的纷杂，也决定着沟通时也会遇到这样那样的情况，这就要我们在沟通时因人而异，因事而异，选择最佳沟通方法。

本书从生活和工作入手，清晰而有条理地介绍了103个有效沟通方式，无论是生活还是工作，是家庭还是组织，都能从本书中找到相关的沟通技巧，学习并运用于实际，相信你的世界将从此变得更光艳明亮。

沟通随时存在于我们每个人的生活中，沟通是解决问题的最好方式，遇到问题及早及时沟通，你的生活会少些烦恼；沟通时多一些诚意，多一些谅解，在给他人带来快乐的同时，你自己也会得到幸福。

目录
contents

第一章 电话沟通：不见其人的高效快捷方式

在如今快节奏的现代生活中，电话沟通为我们提供了极大的方便。无论是日常联系，还是临时紧急事件的处理，只要你拿起电话，就可与对方沟通，快速地解决问题。这既大大节省了时间，又拉近了彼此间的距离。

方式1 按一定的程序接听、拨打电话 …… 2
方式2 灵活运用电话沟通技巧 …… 4
方式3 在电话沟通之前先做好准备工作 …… 6
方式4 电话沟通中要学会正确的倾听 …… 8
方式5 电话沟通中表述观点要有条理 …… 9
方式6 电话邀约3分钟为最佳标准 …… 11
方式7 灵活应对接通电话时的特殊事件 …… 13

第二章 社交沟通：妙语生花的“达人”口才

社交是我们生活的一部分。在社交中，你所接触到的并非生活中那些熟悉的人，你们很可能是初次见面，也可能只打一次交道，或者平时很少打交道。要想让自己与他人的沟通获得成功，就要学会社交沟通的技巧，懂得社交沟通的方式。

方式 8 成功的开场白可拉近彼此的距离 …… 18
方式 9 用真诚巧妙的提问方式展开话题 …… 19
方式 10 认真倾听对方话语，并巧妙应答 …… 21
方式 11 自我介绍要有个性 …… 23
方式 12 恰如其分的恭维更易赢得他人的好感 …… 25
方式 13 称呼对方一定要恰当 …… 26
方式 14 开玩笑要适可而止，不可过度 …… 27
方式 15 给对方畅所欲言的机会 …… 29
方式 16 巧用暗示摆脱困境 …… 30

第三章 演讲沟通：方寸讲台如何点燃激情

演讲的目的在于宣传思想和激励他人，用意想不到的见解引出话题，营造“此言一出，举座皆惊”的艺术效果；用滴水不漏的语言感染听众，唤起听众的热情和兴趣，引起情感上的共鸣。

方式 17 尽量选择自己熟悉的话题为演讲题目 …… 34
方式 18 有针对性地搜集演讲材料 …… 36
方式 19 合理安排演讲的正文 …… 38
方式 20 用独特的开场辞吸引听众 …… 39
方式 21 从生活中实实在在的事说起 …… 41
方式 22 用哲理性的语句提升听众信心 …… 43
方式 23 用生动的故事感动听众 …… 44
方式 24 用肢体语言来增强演讲效果 …… 46

方式25 结尾要充满感情，引起共鸣 …………………………………… 48

第四章 会议沟通：大问题请到会议室

一位企业的老总曾经这样说过："我如果不是在开会，就是在去往下一个会议的路上。"尽管这样说有些夸张，但是却形象地体现了会议沟通在管理者的工作中所占的比重。

方式26 会议之前要做好充分的准备工作 ……………………………… 52
方式27 为会议安排一个精彩的开场 ……………………………………… 53
方式28 用提问的方式来主持会议 ………………………………………… 54
方式29 灵活应对会议中的困境 …………………………………………… 56
方式30 让会议的目标在结尾中得到充分体现 ………………………… 57

第五章 谈判沟通：赢得和润，达成支持

很多人认为谈判就是一场你死我活的竞争，总有一方得意，一方失意。其实并不然，作为一个谈判高手，你会让客户永远感觉是他自己赢得了谈判，并且迫不及待地想要再次见到你，而不是在第二天醒来时恍然大悟，"哦，我知道这个家伙做了什么。等着吧，看我下次怎么收拾你"。

方式31 谈判前先做好准备工作 ……………………………………………… 60
方式32 注意谈判语言的运用 ……………………………………………… 62
方式33 谈判时要掌握要领 ………………………………………………… 63
方式34 了解谈判对象，把话说到对方心坎上 …………………………… 66
方式35 绕开谈判误区 ……………………………………………………… 68
方式36 让谈判在双赢中获得成功 ………………………………………… 69

方式 37 给对方的思绪施加压力 …… 73
方式 38 谈判濒临破裂时给对方一点“甜头” …… 74
方式 39 对方提问，先思考再作答 …… 76
方式 40 向对方妥协，要有步骤地说 …… 79
方式 41 抢占先机，掌握主动 …… 81

第六章 说服沟通：世上没有解不开的“结”

有人说得好，说服他人不是敲击铜铃，而是敲击人们的“心铃”。因此，说服者应该找准说服他人的切入点，去敲击被说服者的“心铃”，刺激之、振奋之、感化之、慰藉之、激励之。

方式 42 说服之前先明确对方的态度 …… 86
方式 43 用真诚的态度和话语打动对方 …… 88
方式 44 借助最好的说服力 …… 90
方式 45 说服要循序渐进，不可急于求成 …… 93

第七章 针对沟通：遇什么问题说什么话

被他人否定、借钱不还、被人指责……这些都是你生活会遇到的问题，这时靠争吵是解决不了问题的，也难登大雅之堂，关键要沟通。其实，有些事情过了就淡了，因此，无论遇到什么问题，都要坦然的去面对，兵来将挡，水来土掩灵活应对。

方式 46 遭遇他人否定时要客观认识自我 …… 96
方式 47 看不惯他人言行时以不伤和气为主 …… 98
方式 48 调解他人之间矛盾时首先要取得双方的信赖 …… 100

方式 49 找人办事时先投石问路，以免尴尬 …………………… 103

方式 50 遇到蛮横不讲理者不得已时以牙还牙 …………………… 106

方式 51 被人指责时尽快解脱窘境，转败为胜 …………………… 108

方式 52 受到他人围攻时要运用方法，突破阵脚 …………………… 112

方式 53 遭遇别人嘲笑时要坦然面对，坚信自我 …………………… 115

方式 54 面对流言蜚语要泰然处之，灵活应对 …………………… 118

方式 55 被人误会时应直接沟通，即时消除 …………………… 120

方式 56 面对他人敌意时你刚我柔，理智对待 …………………… 123

方式 57 不被他人理解时主动亲近，袒露自己 …………………… 126

第八章　亲友沟通：
和谐关系，增进感情

亲友之间更容易有心结，因为他们经常在一起，俗话说的“锅和勺子没有不碰的”就是这个道理。解开亲友之间的心结，一定要选择沟通，事情摊开说了，不仅误会消除，还增进了感情。

方式 58 将心放在他(她)身上 …………………… 130

方式 59 用心去读孩子的心灵 …………………… 131

方式 60 尽自己一份孝心，给父母一份关爱 …………………… 133

方式 61 善待兄长，视兄长为长辈 …………………… 135

方式 62 用宽广的胸怀拥抱弟弟妹妹 …………………… 136

方式 63 亲戚之间遵循规律，融洽相处 …………………… 138

方式 64 朋友之间保持距离，把握尺度 …………………… 139

第九章　上司沟通：如何获得领导支持

职场中除了要努力工作外，你还必须要处理好人际关系，特别是处理好与领导的关系。如果无论你如何努力，上司都“视而不见”的话，那就说明你与领导的沟通出问题了。

方式65 提前做好准备，把握说话分寸 …… 144
方式66 适当展示自我，让上司刮目相看 …… 146
方式67 顺着上司的意愿讲话 …… 148
方式68 被上司误解时要耐心解释 …… 150
方式69 被上司错怪，以“忍”为上 …… 152
方式70 与上司沟通注意运用语言技巧 …… 154

第十章　下属沟通：如何获得下属拥戴

古人云：“敬人者，人恒敬之。”要得到下属的拥护和支持，就必须在沟通中体现出对下属的尊重。因为下属是自己的成绩表，没有下属的表现，自己再能干也没用。

方式71 与下属沟通，首先要尊重下属 …… 158
方式72 认真倾听下属的每一句话 …… 160
方式73 创造和培养主动进行沟通的环境 …… 161
方式74 下属做出成绩时，要给予适当表扬和鼓励 …… 163
方式75 下属做错事，批评时要因人而易 …… 165
方式76 下属工作不积极时，及时调动其工作激情 …… 169

第十一章　同事沟通：如何获得同事信任

和谐的同事关系让你的工作和生活都变得更简单，更有效率。不过作为工作中的伙伴，难免有利益上或其他方面的冲突，这些矛盾和冲突的解决，有赖于你高超的沟通技巧。

方式77 用真诚的态度与同事沟通 …… 172
方式78 同事之间谈话要掌握好分寸 …… 173
方式79 与同事沟通语气要委婉 …… 175
方式80 与“老前辈”沟通时，要多听少说 …… 178
方式81 当同事有错时，善意的批评也是一种关爱 …… 180

第十二章　客户沟通：如何打开客户心扉

如何有效与客户进行沟通，是建立业务关系、收集经营情报信息必备的技能，也是与客户建立合作的前提。一千个客户有一千种个性，所以在和不同客户交流时不仅需要靠理性的逻辑力量，还要依赖于你的情商智术。

方式82 与沉默型客户沟通，用耐心敲开客户的嘴巴 …… 184
方式83 与冷漠型客户沟通，用真情消融客户冰冷的心 …… 186
方式84 与多疑型的客户沟通，用“真诚”扫除其心头的疑云 …… 187
方式85 与话多型客户沟通，巧妙阻止其话语 …… 189
方式86 与刨根问底型客户沟通，尽量满足其好奇心 …… 191
方式87 与精明的客户沟通，多给其说话的机会 …… 193
方式88 与爱发牢骚的客户沟通时，要耐心倾听其牢骚 …… 195
方式89 与拒绝型客户沟通，千万不要放弃 …… 197
方式90 与防卫型客户沟通，以“真诚”赢得客户信任 …… 199

方式 91 与犹豫不决型客户沟通，了解其中原因，再对症下药 …… 201

第十三章 褒贬沟通：忠言不逆耳，好话倍觉甜

我们的生活、工作都处在一个极小的天地里，并且认为自己是小天地中的重要人物，渴望得到他人由衷的赞美，在犯错误时又希望他人通过善意而巧妙地方式批评自己。所以，掌握赞美和批评的技巧是很有必要的。

方式 92 对他人的赞美要发自内心 …… 206
方式 93 夸人要夸到点子上 …… 209
方式 94 选择适当时机“背后赞美” …… 211
方式 95 不留痕迹的赞美才是最高明的 …… 213
方式 96 迂回赞美效应更神奇 …… 217
方式 97 用赞美的语言为客户制造意外的惊喜 …… 220
方式 98 对他人最近好的变化给予赞美 …… 222
方式 99 借别人的话表达出你的赞美 …… 224
方式 100 批评的话语要委婉，不能太过直接 …… 226
方式 101 巧妙触动对方心结，让对方心服口服 …… 228
方式 102 尽量保全别人的面子 …… 231
方式 103 间接批评比直接指出他人过失更奏效 …… 233
方式 104 用自我调侃的方法进行批评 …… 236
方式 105 不要只盯住别人的缺点和问题不放 …… 238
方式 106 礼貌地批评他人 …… 239
方式 107 不要以自己的观点去否定对方 …… 241

第一章

电话沟通

不见其人的高效快捷方式

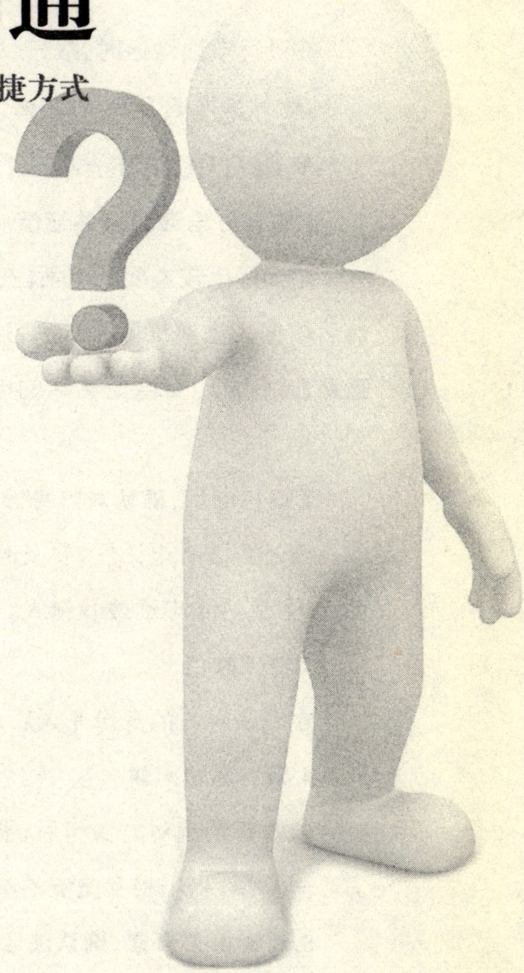

在如今快节奏的现代生活中，电话沟通为我们提供了极大的方便。无论是日常联系，还是临时紧急事件的处理，只要你拿起电话，就可与对方沟通，快速地解决问题。这既大大节省了时间，又拉近了彼此间的距离。

方式1 按一定的程序接听、拨打电话

关键词:电话沟通·拨打电话·接听电话

适用情景:拨打或接听电话时,可运用此方式。

在进行电话沟通时,拨打、接听电话都有一定的程序,要实现有效的电话沟通,达到预期的沟通目的,必须了解并掌握这些基本的程序。

◆拨打电话的基本程序

1.整理好电话内容并记录

如果是比较重要的电话,在拨打电话前,要将和对方商谈的事情写下来,然后依据其重要程度来排列,这样在通话时就能做到条理清晰,而且也不会遗漏谈话内容。如果是普通的电话,也要在大脑里试先构思一下,想好要说什么。

2.拨打电话,确认对方身份

当对方接听电话后,要及时确认对方的身份。明确对方是否是自己要找的人,以免打错电话或找错人。

3.自报家门

在确认对方的身份无误后,告诉对方自己的身份。

4.相互寒暄问候

双方都明确对方身份后,要及时送出你的问候。一声亲切的问候会让对方心里愉悦,利于相互交流的顺利进行。

5.商谈相关事宜,确认注意事项

双方问候之后,依据事先列出的要商谈事件的顺序来向对方表达自己打电话的意图,然后积极与对方交谈。在交谈过程中,如遇到特别重要的信息,

或者需要注意的事项，要及时向对方确认。

6.礼貌道别，轻轻放好电话

商谈结束后，向对方礼貌地说再见，然后轻轻放好电话。通常情况下，是你先放电话。

◆接听电话的基本程序

1.电话铃响两次后，再去接电话

电话铃声响两次后拿起话筒，电话铃声是响 1 秒，停 2 秒，三秒钟一个周期。如果电话响过三次，即 10 秒钟后仍无人接电话，一般情况下打电话的一方就会感到急躁："糟糕！人不在。"

因此，在接听电话时，铃响 3 次之内，最好要接起来。不过并不是接听电话越快越好，如果铃声一响，就立刻接听，那样反而会让对方感到惊慌。较理想的是，电话铃响完第二次时，取下听筒，接听电话。

2.自报家门

如果你的第一声优美动听，会令打电话的对方感到身心愉快，从而放心地讲话，因此，拿起听筒自报家门的技巧很重要。接电话时，第一声应说："你好。这是某某公司。"应将第一句话的声调、措词调整到最佳状态。

3.确认对方身份。

任何一次沟通，如果双方不知道彼此的身份，沟通往往没有针对性，这样就很难达到沟通目的。因此，在接听电话时，介绍完自己之后，再确认对方身份，询问对方的姓名或者单位。

4.双方互相寒暄问候

就像面对面沟通中人们见面时的问候一样，在电话沟通中也需要双方互相寒暄问候，这种问候应该在双方刚刚明确相互身份之后送出，问候语要依据对方的身份而定。

5.商谈相关事宜

双方问候之后，打电话者会表明打电话的意图，你可以针对这些信息来与对方交谈。在交谈过程中，如果遇到特别重要的信息，或者需要注意的事项，要及时向对方确认。

6.礼貌道别，轻轻挂断电话

通常是打电话一方先放电话，但对于职员来说，如果对方是领导或顾客，就应让对方先放电话。待对方说完“再见！”后2~3秒钟才轻轻挂断电话。

无论通话多么完美得体，如果最后不注意挂电话这一细节，最终也会功亏一篑，令对方很不愉快。因此，结束通话时，应慢慢地、轻轻地挂断电话。

无论是接听还是拨打电话，都有一定的程序，忽略了其中任何一个环节或者任何一个环节出现了失误，都有可能使本次的电话沟通失败，而且还会影响和对方进一步沟通。所以一定要牢牢掌握这些基本程序和技巧。

方式2 灵活运用电话沟通技巧

关键词：电话沟通·接听、拨打电话的技巧·完善沟通细节

适用情境：掌握接听、拨打电话的基本程序不能使你很好地完成电话沟通，还需学习运用此方式。

接听、拨打电话的基本程序只是告诉你怎么做、如何做，比较教条化，具体电话沟通时，还需要灵活应对，掌握一些沟通技巧，这样才能完善沟通的细节，改善沟通的效果。

1.电话机旁备有记事本和笔

俗话说，好记性不如烂笔头。我们的大脑很容易忘记东西，所以重要事项要采取做记录的措施予以弥补。在电话机旁放置好记录本、笔，当他人打来电话时，就可立刻记录主要事项。如不预先备好纸笔，到时候措手不及、东抓西找，不仅耽误时间，而且会搞得自己狼狈不堪。

2.打电话时,先整理好电话内容,再拨电话

给别人打电话时,应事先构思一下,想好在电话里要说的内容,再拨打电话。如果在打电话时想到什么说什么,往往会落掉内容,忘却了主要事项自己还不知道,等对方挂断电话才恍然大悟。

因此,在打电话前应事先把想讲的事逐条逐项地整理记录下来,然后再拨打电话,在与对方电话交流时,边讲边看记录,随时检查是否有遗漏。

3.恰当把握通话时间

电话沟通要尽可能在3分钟之内结束。实际上,3分钟可讲1000个字,相当于两页半稿纸上的内容,是完全可以表达清楚你想要说的内容的。

如果一次电话用了5分钟甚至10分钟,那么一定是措辞不当,未抓住纲领,没有突出重点。

4.讲话时要注意姿势、表情

不要以为打电话时,对方看不见你,就可以不注意姿势、表情,这种想法大错特错。因为双方的态度、思想、表情,都包含于说话声中。如果说话声调不准就不易听清楚,甚至还会听错,让对方产生误解。因此,在电话里讲话时必须抬头挺胸,伸直脊背。"言为心声",态度的好坏,都会直接表现在语言之中。如果道歉时不低下头,歉意便不能伴随言语传达给对方。同理,表情亦包含在声音中。打电话表情麻木时,其声音也冷冰冰。因此,打电话也应微笑着讲话。

5.注意说话的语速和语调

打电话时,适当地提高声调显得富有朝气、明快清脆。我们在看不到对方的情况下,大多凭第一听觉形成初步印象。因此,讲话时有意识地提高声调,会格外悦耳优美。

6.不要使用简略语、专用语

首先要明确, 企业内部的一些简略语只能在企业内部人员沟通时使用。如果与本企业之外的人沟通时也使用了简略语,会使对方产生疑问。比如:将"行销三科"简称"三科"这种企业内部习惯用语,第三者往往无法理解。同样,专用语也仅限于行业内使用；普通顾客不一定知道。有的人不以为然，得意洋洋地乱用简称、术语，给对方留下了不友善的印象。还有的人认为西洋学及外来语高雅、体面，往往自作聪明地乱用一通，可是意义不明的外来语，并不能正确表达自己的思想，不但毫无意义，有时甚至会产生误会，这无疑是自找麻烦。

7.养成复述习惯

为了防止听错电话内容，一定要当场复述。特别是同音不同义的词语及日期、时间、电话号码等数字内容，务必养成听后立刻复述、予以确认的良好习惯。读音相同或极其相近的词语，通电话时常常容易搞错，因此，对容易混淆、难于分辨的这些词语要加倍注意，放慢速度，逐字清晰地发音，以保证准确无误。

方式 3 在电话沟通之前先做好准备工作

关键词：电话沟通·准备工作·提高沟通效率

适用情境：为了提高电话沟通的效率，在电话沟通之前运用此方式。

在我们的日常生活或工作中，常常会遇到这样的现象：本来想好的事情，抓起话筒就忘记了，或者说话时缺乏条理性，重点不突出，从而拖延谈话时间，影响沟通的效率，这都是由于打电话之前没有做好准备所致。因此，为了提高电话沟通的效率，在电话沟通前须列出一份电话清单，电话清单的具体内容应包括：

1.打电话的目的

在打电话之前首先要明确有没有必要打这个电话，如果不通过电话也能解决，那么就可以放弃这次电话沟通；如果有必要给对方打电话，那么首先要搞清楚为什么进行这次电话沟通，要通过这次沟通达到什么样的目的等等。

在打电话之前，必须要明确这些问题。

2.确定电话沟通的对象

当遇到问题需要与对方沟通时，首先要把电话沟通的对象确定清楚。明确自己需要和哪些人交流，并把这些信息记录下来，以免遗漏。

3.分清打电话的次序

如果你需要打很多电话，就一定要明确先打哪个电话，后打哪个电话。基本可以依据这样一个原则来处理：依据要拨打电话的轻重缓急而确定拨打的顺序。即对一些既重要又紧急的电话要先处理；然后是处理不太重要，但是很紧急的电话；接下来是很重要，但是不紧急的电话；最后是既不重要又不紧急的电话。这样，既能够及时处理一些紧急事件，又不会耽误一些重大事件的处理。

4.确定每个电话的具体沟通对象

明确了打电话的目的、数量和先后次序后，就该确定每一个电话的具体沟通对象。这个问题很简单，你只需问自己下面这样几个问题就可以确定下来了。

要解决的问题和谁关系最为密切?

谁来负责这件事情?

谁有能力帮助自己解决遇到的问题?

如果对方不在，谁可能接听电话?

找到这几个问题的答案，你就可以清楚地知道要找的沟通对象甚至备选对象了。

5.列出电话内容的要点，确定先后顺序

明确了自己要和对方谈论哪些事情后，把重点内容记录下来，记录时没有必要特别详细，只记录其中的要点即可。然后依据事情的重要性，确定要表述的先后顺序。

6.把握打电话的时间

电话沟通的目的、对象、内容都明确之后，就需要确定打电话的时间了，首先要考虑对方有没有时间接听你的电话，然后看看自己是否有空，最后还需要考虑打电话的时机是否成熟。当这几个方面都满足时，你就可以拿起话筒拨打电话了。

打电话之前做好以上几项准备工作，就可以帮助你尽快达到电话沟通的目的，从而大大提高沟通的效率。

方式4 电话沟通中要学会正确的倾听

关键词：电话沟通·有效沟通·正确倾听

适用情境：当想要电话沟通更顺利地进行，用最短的时间达到沟通目的时，可运用此方式。

电话沟通看不到人，只能靠声音来传递信息，因此，倾听对方的谈话显得尤为重要。如果在电话中不能正确地倾听对方的谈话，将无法获得准确的信息，当然就更不能进行有效沟通了。因此，在电话沟通中必须学会正确的倾听：

1.积极倾听

当对方要讲话时，千万不要和对方抢着说，要尽量让对方先说，听清楚对方所说的内容后自己再说。当然，在对方讲话的过程中也不能一味地保持沉默，这样对方会以为你对他不够重视，而且缺乏礼貌。而是应该适时地积极配合对方，在对方讲话的过程中，适当地用一些简短的词语或者语句给对方一个信息的反馈。

2.恰当的引导

在电话沟通之前，已经明确了这次沟通的目的。那么在沟通中就应该把话题控制在自己所预设的范围内。如果跑了题，应该立刻果断地结束话题，用比较婉转的语言来引导对方转移到你所预设的话题上来。为了了解到更多、更准确的信息，还需要把话题引申。例如一些涉及关键问题的话语，就可以很自然地引导对方来共同讨论。

3.抓住重点

倾听对方谈话时，要很快地判断出哪些信息重要，哪些信息不重要。对重要的信息要引起足够的重视，然后再顾及一些小的细节。只有这样才能准确地把握对方的真正意图。

4.及时复述

为了确保信息获取的准确性，判断出重要信息之后，要及时通过复述的形式向对方确认。只有获取的信息足够准确，才能进行有效沟通。

倾听是进行电话沟通的关键，如果在电话中不能正确地倾听，沟通将无法顺利进行。因此，我们应在电话沟通中认真做好以上四点，只有这样，才能达到预期的电话沟通目的。

方式5 电话沟通中表述观点要有条理

关键词：电话沟通·语言表述·简洁条理

适用情境：电话沟通时，要想把自己的信息准确地传达给对方，需运用此方式。

在电话沟通中，不仅要学会正确倾听对方的谈话，还要学会恰当地表达自己的观点，以便把自己要传达的信息准确地传达给对方。电话沟通中，表述自己的观点时要注意以下几点：

1.理清思路

开始表述自己的观点之前，要先整理一下自己思路：搞清楚这次电话沟通的原因，通过这次沟通希望达到什么样的目的，明确自己要想向对方表达怎样的观点，涉及哪些问题。找到了这些问题的答案，你的电话沟通方向就会很明确。

2.条理清晰

不论什么时候，说话都要有针对性，不能一概而论，电话沟通也是如此。因此，我们在电话沟通之前，首先要尽量了解对方，再结合电话沟通的时机，确定一个比较合理的讲话顺序，明确自己要先讲什么，后讲什么，最后如何表述。

只有表述的条理清晰，才可使对方能够很快地把握你的沟通意图，这样可节省沟通时间，提高沟通效率。

3.依据沟通的对像调整语气、语调

电话沟通是双方凭借声音传递信息的常见沟通方式，由于看不到对方的肢体语言，双方情感的传递大多通过语气和语调来表现。语气的和缓急促，语调的升降起伏等各种因素都能表现沟通时的情感。所以在沟通时，要保持一种愉悦的心情，依据不同的沟通对象和沟通时的具体情境确定不同风格的语言、语气和声调。

4.语言要简洁

电话沟通的时间大多比较短，一般性质的沟通应该控制在 3 分钟之内。要在很短的时间里把问题说清楚，这就要求我们的语言必须简洁明了。尽量少用复杂的长句，多使用短句。在能够表述清楚的前提下，少用或不用修饰性词语。

只有观点表述明确，才可以与对方进行深入沟通。因此，我们在电话沟通中要注意运用好以上四点，以保证沟通的顺利进行。

方式6 电话邀约3分钟为最佳标准

关键词:电话沟通·成功邀约·时间标准

适用情境:想电话邀约比较重要的人与你见面时,可运用此方式。

电话邀约一般以通电话3分钟为最佳标准,3分钟内必须要做开场、邀约、结束语及挂掉电话四个步骤。拿起电话听筒前,要精心做好准备,了解他上、下班的时间以及他的近况。要以兴奋愉悦的心情打电话。跟对方约好时间和地点后,就应赶快结束谈话。不要说出生意内容,以免产生误会或反效果。

怎样做才能倍增电话邀约的成效呢?通电话以3分钟为最佳标准,3分钟内必须要做开场、邀约、结束语及挂掉电话四个步骤。在电话邀约之前必须要做好以下几个方面的准备。

1.准备

(1)心理准备:对你所拨打的每一通电话有一个认真、负责和坚持的态度,有一种必定成功的积极动力。

(2)内容准备:打电话前先把你所要表达的内容准备好,可以先列出几条在你手边的纸张上。要注意语速与语调,保证能让被邀约人明白你所说的每一句话的含义。

此外,首先要注意语气变化,态度真诚;其次言语富有条理性,不可语无伦次、前后反复,让对方产生反感或感到啰唆。

2.时机

打电话时一定要掌握一定的时机,要避开对方吃饭或休息的时间,如果把电话打过去了,也要礼貌地征询对方是否有时间或是否方便接听。

3.接通电话

邀约电话接通后，要先问好，并自报家门，确认对方的身份后，再谈正事。

4.讲话时要简洁明了

由于电话具有收费、容易占线等特性，因此，无论是打出电话或是接听电话，交谈都要长话短说。

5.挂断前的礼貌

打完电话之后，一定要记住向对方再次确认："那么，我们明天下午三点某某地方见。谢谢！再见！"另外，一定要在对方挂断电话后，自己再轻轻挂下电话，以示对被邀约人的尊重。

打电话应注意一些基本的礼仪规范。要用礼貌用语，如您好、早安、谢谢等，语调要柔和，显示出良好的修养，还应尽量避免打断对方的讲话。

当然，电话邀约还有另外的常见的十一大技巧，大家可以参考。

技巧一，让自己处于微笑状态，微笑地说话，声音也会传递出很愉悦的感觉，帮助你进入对方的时空。

技巧二，在谈话之初，采取适中的音量与速度，等辨出对方的特质后，再调整自己的音量与速度，让对方觉得你和他是同一级别的。

技巧三，判别通话者的形象，增进彼此互动，从对方的语调中，可以简单判别通话者的形象。判别形成之后，再给对方适当的建议。

技巧四，表明不会占用太多时间，简单说明："耽误您两分钟好吗？"

技巧五，语气、语调要一致。在电话中，开场白通常是国语发音，但是如果对方的反应是以方言回答，则应马上转成方言和对方说话，有时普通话、方言交替也是一种拉近双方距离的方法。

技巧六，善用电话开场白。好的开场白可以让对方愿意和你多聊一聊，如果想多了解对方的想法，不妨问："最近推出的投资型商铺，请问您对此有什么看法？"诸如此类的开放式问句。

技巧七，善用暂停与保留的技巧。当需要对方给一个时间、地点的时候，就可以使用暂停的技巧。比如，当你问对方："您喜欢上午，还是下午?"说完就稍微暂停一下，让对方回答，将可以让对方有受到尊重的感觉。

技巧八，身体挺直、站着或闭上眼睛说话。

试着将身体挺直或站着说话，你可以发现，声音会因此变得有活力，效果也会变得更好；有时闭上眼睛可以让自己不被外在的环境影响谈话内容。

技巧九，即时逆转。即时逆转就是立刻顺着对方的话说，

技巧十，给予二选一的问题及机会。二选一方式能够帮助对方做选择，同时也加快对方与你见面的速度，比如"早上或下午拜访？"、"星期三或星期四见面？"等问句，都是二选一的方式。

技巧十一，为下一次开场做准备。当我们在做任何的结束时，别忘了和对方说"感谢您抽出时间"，或者告诉对方"非常荣幸认识您"。好的结束，有助于为下一次开场做准备。

方式 7 灵活应对接通电话时的特殊事件

关键词：电话沟通·特殊事件·灵活应对

适用情境：电话沟通中，遇到意外或特殊事件时需运用此方式。

我们在拨打或接听电话时，常常会遇到一些意外或特殊的事情，这些可能会打扰你的思路，遇到这样的事情我们要针对具体事情灵活应对。在电话中常常会遇到以下几种意外或特殊的事情：

1.听不清或听不懂对方的话语

如果对方是用方言和你交谈，或者发音不准时，你不能简单地反问："什么？"或怀疑的回答："是吗？"这样对方会觉得不被信任，甚至可能会很愤怒，你可以很有礼貌地说："对不起，刚才没有听清，请再说一遍好吗？"这样，对方

肯定会耐心重复一遍。

2.遇到自己不知道的事

如果对方在电话中一直不停谈论你不知道的事，你多少会有些疑惑和感到恐慌。这时需要尽快理清头绪，到底对方是找谁，谈论的是哪件事情，对方打电话的真正意图是什么。然后在恰当的时机打断对方的谈话，很礼貌地告诉对方。

3.接到打错了的电话

如果互相介绍之后，发现对方打错了电话，千万不要冷冰冰地说："你打错了。"应该向对方重申一下自己的身份，或者你的单位名称，然后再礼貌地告诉对方打错了电话。

4.接到上司亲友的电话

在公司中，常常会接到上司亲友打来的电话，我们一定要重视这类电话的接听。因为上司对你的评价常常会受到亲友的影响，上司的亲友打到公司来的电话，并不局限于工作关系。上司的亲朋好友，常打来与工作无直接关系的电话，他们对你接电话时的印象，会在很大程度上左右上司对你的评价。

接到这样的电话，态度一定要热情、诚恳，如果对方有事要求你转告，要及时、准确地把内容转告给你的上司。要知道，上司的亲朋好友对你的一言一行非常敏感，期望值也很高。

5.接到客户的索赔电话

如果你是公司的管理人员，接到客户索赔的电话时，要冷静对待。

索赔的客户也许会牢骚满腹，如果作为被索赔方的你缺少理智，与客户激烈争论，不但于事无补，反而会使矛盾升级。

因此，遇到这种情况，要处之泰然，洗耳恭听，让客户诉说出自己心中的怨气，等客户心静气消后，再心平气和地与客户沟通。你应一边肯定客户话中的合理成分，一边认真琢磨对方发火的理由，然后找到正确的解决方法，真诚地与客户交流，从而得到客户的谅解。

以上只是电话沟通中常常遇到的五类特殊事件，现实中还会遇到很多，不同的事情要区别对待，不能一概而论。这样才能在电话沟通中不遗漏任何细节，为以后的沟通打下良好的基础。

第二章

社交沟通

妙语生花的“达人”口才

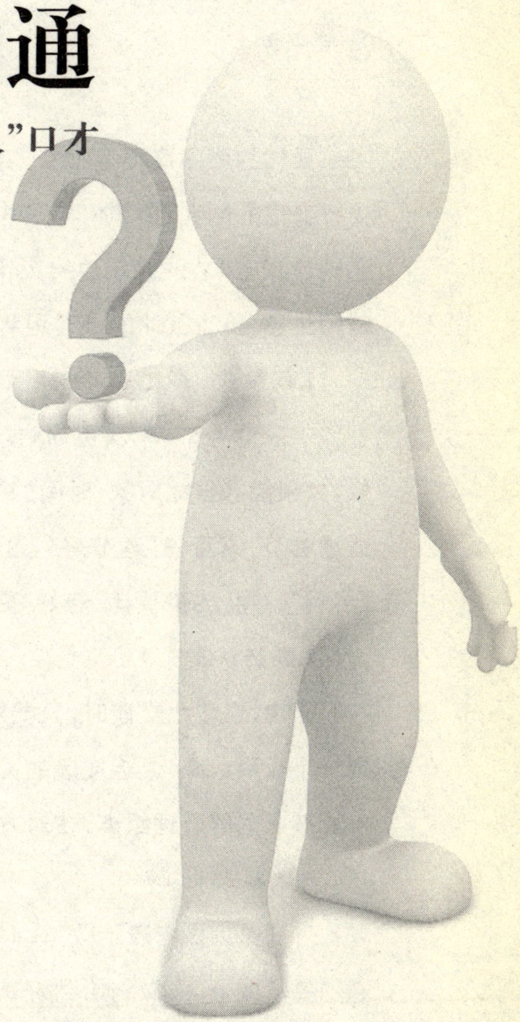

社交是我们生活的一部分。在社交中，你所接触到的并非生活中那些熟悉的人，你们很可能是初次见面，也可能只打一次交道，或者平时很少打交道。要想让自己与他人的沟通获得成功，就要学会社交沟通的技巧，懂得社交沟通的方式。

方式 8 成功的开场白可拉近彼此的距离

关键词：社交沟通·开场白·陌生人

适用情境：在社交场合中，遇到陌生人或平时很少打交道的人时，可运用此方式。

我们的生活离不开社交，在社交中常常会遇到一些陌生人，或是平时很少打交道的朋友，该如何与这些人沟通呢？开场白对以后的沟通起着相当重要的作用，成功的开场白给人亲热、友善、贴心的感觉，能够很快消除彼此间的陌生感，拉近彼此的心理距离。常见的开场白主要有以下几种。

1.问候式

一般情况下，初次见面，或见到好久不见的朋友，会用“你好”来相互问候，如果能够根据对象、时间的不同而使用不同的问候语，效果会更好。比如适逢春节，则可说“春节好”，这样可让对方有祝贺节日之感；早晨见面，则用“早啊”、“早上好”要比“您好”更为让人感到亲切。

2.攀亲认友式

通常，在彼此交谈时，只要对一个素不相识的人做一番认真了解，都能找到一个或明或隐、或近或远的关联。如果沟通时再拉上这层关系，就能一下子拉近彼此间的心理距离，使对方倍感亲切。

3.敬慕式

对初次见面者表示敬重、仰慕，是一个人热情有礼的表现。注意这种方式必须要掌握分寸，做到恰到好处，万万不能胡乱吹捧，不必说“久闻大名，如雷贯耳”之类的过头话。表示敬慕的内容并不是固定不变的，可根据说话的对象、说话的时间以及说话的地点而定。

4.扬长避短式

几乎每个人都喜欢别人看到并赞美自己的长处。我们应抓住人的这一心理特点，在初次见面交谈时，以直接或间接的方式指出对方的长处并赞扬一番，这样的开场白能使对方高兴，从而对你产生好感，进而激发交谈的积极性。相反，如果总是有意或无意地触及对方的短处，伤及对方的自尊心，彼此肯定会不欢而散。

俗话说“酒逢知己千杯少，话不投机半句多”，有的人相处一辈子却形同陌路，而有的人却一见如故。其中，开场白起了很大的作用，如果你与对方交流时开场白很成功，彼此在短暂的时间内达到心灵上的共鸣，就会是“酒逢知己千杯少”的局面；相反，则为后者，“话不投机半句多”。

方式9 用真诚巧妙的提问方式展开话题

关键词：社交·展开话题·提问方式

适用情境：在宴会或其他公众场合，遇到不善言辞的陌生人时，可运用此方式。

生活中，常常会遇到这样的现象：在参加朋友的聚会时，总有些生性腼腆、害羞独处、落落寡合的陌生人。他们往往躲在角落，独饮独啜。

遇到这种情况，切忌只跟熟识的人聚在一起，谈笑风生，而对不善言辞者不闻不问，这时，如果能找到合适的话题与这位陌生人交谈，相信聚会会是另一番氛围。

用真诚巧妙的提问方式展开与不善言辞的陌生人交谈的话题效果会更好，而要想问得巧，就要掌握几种恰当的提问形式：

1.选择型提问

朋友之间多用这种提问方式，同时，也表明提问者并不在乎对方的选择。例如，几个朋友到你家做客，但你并不知道他的口味，你可以问："今天吃什么，鲫鱼还是带鱼？"

2.限制型提问

据说，香港一般茶室因为有些客人在喝可可时习惯放个鸡蛋，所以要求侍者在客人要可可时必问一句"要不要放鸡蛋"。而心理学家建议，侍者不要问"要不要放鸡蛋"，而应该问"放一个还是两个鸡蛋"。如此一来就将对方的选择范围缩小了。这种问话，显然可以多做鸡蛋生意。

这种提问技巧目的性很强，它能帮助提问者获得较为理想的回答，从而使被问者拒绝或不接受回答的概率大大减少。

3.协商型提问

假如你想要别人按照你的意愿去做事，就应该用商量的口吻向对方提出。比如，你要秘书起草一份文件时，待把意图讲清后，再顺便加一句："你看这样写是否妥当？"这样，效果会更佳。

4.婉转型提问

男孩子爱上女孩子，但他并不知道女孩子是否爱他，可这样的话又不好直说，于是可以试探性地问道："我可以陪你走走吗？"假如女孩不愿意交往，她的拒绝也不会使双方难堪。

在沟通的过程中，只要了解对方的心理，掌握巧妙的提问方式，让对方感觉到你的真诚和善意，就会打开对方的"话匣子"，沟通便会达到良好的效果。

方式 10 认真倾听对方话语，并巧妙应答

关键词：社交沟通·认真倾听·巧妙应答

适用情境：当与人当面交流，遇到不好回答的问题时，可运用此方式。

沟通必须有沟通的对象，也就是沟通是两方面的，自己与自己是无法进行沟通的。因此，在人与人的沟通中，有问有答才是真正的沟通。这就要求我们在与人沟通的过程中，不但要会问，而且要会答，只有问得巧，答得妙，才能有好的沟通效果。通常情况下，有以下几种回答技巧：

1.间接回答

间接回答，即回答者针对提问者对某些尖锐问题的诘问，用巧妙的语言进行类比回答。

一次，丘吉尔去美国访问，一位反对他的美国女议员对他说："假如我是你妻子，我就会在你的咖啡里下毒！"

丘吉尔微笑着说："假如我是你丈夫，我就会把那杯咖啡喝下。"丘吉尔用这种揶揄的口吻，间接地回击了女议员，比直接回答更有力度。

2.以退为进

所谓以退为进，就是指对答中，答者承认问者的话，然后予以适当回击。下面乙的回答便是典型的"以退为进"回答法。

甲："你长得这么漂亮，怎么还没有找到对象呢？"

乙："是的，因为我挑得比你仔细。"

这段对话，因问话的人咄咄逼人、语气尖酸又无所顾忌，所以答话时要采取先认可而后回击的方式，这样会给问者有力的还击。

3.答非所问

答非所问是辩论中的一种回避战术。在某些情况下，对于对方提出的问题，自己基于某种原因不能不答，但又不想做出正面的回答时，可采用此方式，以非实质性的回答引开对方的话题，这样，表面上好像已做了回答，事实上却绕过了那些棘手的问题。

4.诱导否定

所谓诱导否定，就是指对方提出问题后，不马上回答，而是先讲一点理由，提出一些条件或反问一个问题，诱使对方自我否定，自动放弃原来提出的问题。

5.围魏救赵

所谓围魏救赵就是指不受对方提问的牵制，不跟在对方问题的后面去作答，而是采取攻势，提出令对方头痛的问题，使其陷入自顾不暇的窘境，从而不得不放弃原来的提问。

6.避难就易

对于那些不好从正面回答的问题，最好不要从正面回答，知“难”而“避”，从比较容易突破的方面作答，这是避难就易法的精髓，也是拒绝辞令中简单而机智的一种。

7.无效回答

无效回答是指用一些没有实际意义的话去进行非实质性的回答。它还包含有效性无效回答和纯无效回答两种。有效性无效回答，表面上看并没有直接回答问题，实际上却内涵深厚，需要对方去领悟；而后者则是无法从回答者的答话中找到任何答案，多半是因为回答者不好回答或不愿回答。

日常生活中还有很多回答问题的技巧，只要在平时的交流中注意观察，学会随机应变，巧妙回答，就会化解尴尬，使自己的谈话魅力大大增强。

方式11 自我介绍要有个性

关键词:社交沟通·自我介绍·一见如故

适用情境:与他人初次见面,需要做自我介绍时,可运用此方式。

所谓自我介绍,是指在社交场合中向他人介绍自己的过程,通过这种方式可以推销自己的形象和价值。

与他人初次见面,要想给对方留下深刻的印象,使其有一见如故的感觉,需要从自我介绍入手。

自我介绍并不是像我们想象的那样,简单地自报姓名,从某种意义上讲,自我介绍是一种学问和艺术,它需要讲究心理策略,也需要掌握许多必要的技巧和尺度。

1.先把"我"说好

自我介绍肯定是说"我"了,给对方留下什么样的印象,关键要看如何把"我"说好。

如果在合适的时候平和地说出"我"字,目光亲切、神态自然,就会让他人感受到你自信、自立而又自谦的美好形象。

相反,有的人在自我介绍时每句话都有一个"我"字;有的人说"我"时语气特别重,语音有意拖长,似乎想要通过强调"我"来树立自己的高大形象;更有甚者说"我"时得意洋洋、咄咄逼人、不可一世。这样的人在自我介绍时不过是孤芳自赏罢了,只能让对让方反感,更别说给对方留下好印象了。

2."自报家门"时巧注"姓"与"名"

"自报家门"是自我介绍不可或缺的部分,为了让对方准确听清自己的名字,往往要对"姓"和"名"加以注释,注释得越巧,给人留下的印象就越深刻。

对姓名的注释不仅可以反映一个人的知识水平、性格修养，而且能够反映一个人的口才。

3.分清场合，详略得当

为了适应某种情境的需要，大多数的自我介绍并不需要面面俱到，在自我介绍中运用“以点代面”、“抓住一点不计其余”的方法，会让对方听起来简洁而独特，从而给对方留下深刻的印象。

相反，在一些特定的情况下，自我介绍的内容需要全面、详尽，不仅要把姓名、身份、目的、要求讲清楚，还要介绍自己的经历、学历、性格、专长以及兴趣爱好。为了取得对方的信任，有时候应讲一些具体事例。如，求职应聘时，除了以上内容，还应介绍一些能突出个人能力和特色的事例。

我们在自我介绍时，要分清场合，详略得当，该详则详，该略则略，只有这样，才能收到良好的效果。

4.从独特的角度推销自己

通常情况下，一般人的自我介绍就是报上姓名、工作单位、职业、学历、特长或兴趣爱好等，像这种没有新意的自我介绍不会给人留下很深的印象。

因此，要想让别人记住你，自我介绍时就要与众不同，以独特的方式去介绍自己。在自我介绍时，尽量选择使对方感到有意义、又觉得顺其自然的内容，采用生动活泼的语言把自己“推销”给别人。

在与人沟通时要注意，自我介绍只是沟通的开始，做好自我介绍，仅仅是好的开始，要使沟通顺利，谈得有趣，谈得投机，还要注意交流的态度。你的言行举止都在向别人诉说着你究竟是怎样一个人。在同陌生人或平时很少打交道的人交流时，应避免傲慢与偏见，尤其最初的几分钟里，一定要心平气和、全神贯注、不失礼节地倾听。只有这样，才能给对方留下美好的第一印象，才能使接下来的交流顺畅愉快。

方式12 恰如其分的恭维更易赢得他人的好感

关键词：社交沟通·适度恭维·赢得好感

适用情境：社交场合中想赢得他人的好感而恭维他人时，可运用此方式。

这个世界上，恐怕没有人不喜欢听善言，许多人抓住人性的这一特点，说话时总是爱用恭维的言语。诚然，每个人都渴望得到别人的赞美，但是，他们渴望的是坦诚相见、真情以待，更希望与谦虚、诚实的人交往。

所以，我们要正确地认识到：善言并不等同于恭维，然而它又离不开恭维。恭维适当便成了善言，而善言则可使新交一见如故，老友情深谊长。

那么，如何准确地把握恭维，使恭维恰如其分呢？这就需要注意以下几点。

1.因人而异，把握分寸

交往中，要注意交际对象的年龄、性格、爱好、文化程度、职业、特征等，恭维对方时要因人而异、把握分寸，如果是初次见面，则更要小心谨慎。

例如，你对一个为自己身材过于肥胖而愁眉不展的女士说："你的身材真的很好！"对方一定会认为你是在取笑她而大为不快。但如果是一个身材较好的女士，你说出这句话，就可以使对方对你的好感和信任增加。

2.把握好恭维的尺度

任何事情都要把握一个度，恭维也不例外，千万不要太过夸张，否则会让人感觉你是在挖苦他。当然，恭维的程度不够也无法达到预期的目的。所以，把握好恭维的尺度是非常重要的。恰如其分、不留痕迹、适可而止的恭维，能够让一个人在交际场上更成功。如果在恭维时使用过多华丽的辞藻、空洞的奉承，只会让对方感到不舒服、不自在，甚至感到难堪、厌恶。

3.把握好说话的时机

说话的时机往往会影响说话的效果，不合时宜的恭维，无异于南辕北辙，结果往往事与愿违，甚至还会产生一定的负面作用。因此，在恭维他人时，应切合当时的气氛、条件。一旦发现对方有值得赞美、恭维的地方，就一定要及时大胆地赞美、恭维，千万别错过这个时机。

4.恭维要真诚

只有真诚的、恰如其分的恭维才能引起人们的共鸣，才是人们内心真正需要的，才能让听者心悦诚服。因此，交际中恭维一定要表现得真诚，要让人感到你是发自肺腑的，是情意真切的。

5.不要在众人面前只恭维或称赞其中一人

两个外形同样出众的女性朋友同时出现在你面前，如果你只对其中一个说“你今天真漂亮”之类的话，那么就极有可能得罪另外一个，受到恭维的一方自然高兴，可是没被恭维的一方就会有被冷落、被忽略的感觉。

方式13 称呼对方一定要恰当

关键词：社交沟通·初次交往·称呼对方

适用情境：当与他人初次见面，不知该如何称呼时，需运用此方式。

称呼代表了一个人的身份和其在别人心目中的地位以及某些看法，所以适当的称谓能满足对方预期的心理需求，让听的人对你表现出友好的态度，提升对你的看法，拉近彼此间的距离。

对他人的称呼没有固定的规律可循，它因时代、国家、地区、社会等的不同而不同，但也有共同的称呼，如太太、小姐、女士、先生等。

对于初次见面或平时很少打交道的人，称呼尤为重要，否则会因称呼不当，使双方发生沟通上的障碍。

称呼别人，要想达到好的效果，必须坚持这样一个宗旨：向对方传达“你很重要”、“你很好”、“我非常重视你”的意思。

如何称呼才能让对方感到愉悦呢？比如：面对德高望重的长者，可称呼“老人家”，表示尊敬；对同龄人，直接称呼名字或者称“老某（对方的姓氏）”，亲切感倍增；对方是医生，可称“某医师”；对方是老师，就称“某老师”，这样称呼带有尊重意味。

假如对方近期刚被提升为主任，你正好碰到他，就应先跟他打招呼：“某主任，想不到在这里遇见您。”对方听到你跟他如此打招呼，一定会格外高兴。

当然，要表现对对方的尊重也不能言过其实，过当的称呼会让人觉得你不够真诚，这样，你后面所说的话的可信度自然会被打折扣。

另外，使用称呼时还要特别注意主次关系及年龄特点。如果你面前有很多人，应以先长后幼、先上后下、先疏后亲的顺序为宜。

虽然称呼不是沟通的主要内容，也不是关键内容，但是它在交际中所起的作用是不容忽视的。称呼代表你对对方所下的一个定义，代表对方在你心目中的地位和尊重程度，代表对方是否受到了重视。因此，要想在交际场上有出色的表现，就要懂得称呼的技巧，做到恰当地称呼对方。

方式14 开玩笑要适可而止，不可过度

关键词：社交场合·开玩笑·把握分寸

适用情境：人际交往中，为了活跃气氛，与对方开玩笑时，需运用此方式。

开玩笑是人与人之间最常见的一种说话取乐方式。它可以活跃气氛，调

节情绪，创造一个和谐、轻松的氛围，使你的语言更具魅力。但是，开玩笑必须内容高雅，如果笑料过于庸俗或开过了头，伤害了对方的自尊和感情便适得其反。所以，开玩笑一定要注意场合，把握尺度。

如果玩笑开得不好，则会适得其反，不但达不到预期的效果，还会伤害彼此间的感情，甚至会惹出麻烦。

比如，笑你的同学考试不及格，笑你的朋友怕老婆，笑你的亲戚做生意亏了本，笑你的同伴在走路时跌了一跤等。这些本来都是应该抱以同情的，而你却拿来作为笑柄，这样的笑话不但不能起到活跃气氛的作用，反而会引起对方的反感。

习惯于乱开玩笑的人，常常会既伤害别人，又危害自己，不是惹人厌烦，就是挑起是非。因此，我们在开玩笑时一定要看对象、选时机，这样玩笑才会成为沟通中的润滑剂。

一般来说，男性不宜同女性开玩笑，下级不宜同上级开玩笑，晚辈不宜同长辈开玩笑，正常人不宜同残疾人开玩笑。即便可以开一些玩笑，也只限于逗笑之类，而且要暗含尊敬、褒扬，不能放肆、轻佻，切忌揭人之短。

开玩笑要把握场合、时机和环境，一般来讲，开玩笑不适合在庄严、肃穆的场合下进行，也不适合在工作时间进行，此外，在公共场合和大庭广众之下，也尽量不要开玩笑。

开玩笑要因人而异。长者对幼者开玩笑，要保持长者的庄重身份，使幼者不失对长者的尊敬；幼者对长者开玩笑，要以尊敬长者为前提。

开玩笑还要注意亲疏的差异。一般情况下，与自己比较亲近、熟悉的人在一起，开玩笑即使重一点，也不会影响友好关系。但与自己不熟的人在一起，就不宜开玩笑，因为你对对方的个性、经历、情趣、隐私不了解，可能在开玩笑中冒犯了对方，引起反感，不利于今后的互相了解和友谊发展。

玩笑是不能乱开的，尤其是取笑别人更不可行。古人说："一言可以丧国。"这绝不是危言耸听。所以，一定要注意改正乱开玩笑的习惯。

另外，开玩笑要适可而止，不能老盯着一个人。如果你专对一个人不停地大开玩笑，多数人是不能忍受的。

总之，开玩笑应是善意逗乐，以促进彼此的感情交流为目的，而不能恶意取笑，占对方的便宜。

在开玩笑时，如果你能运用好上面这些技巧，把握好分寸，就一定能成为一个真正的沟通高手。

方式15 给对方畅所欲言的机会

关键词：社交沟通·高谈阔论·侧耳倾听

适用情境：当别人在谈论他自己认为非常得意的事时，可运用此方式。

我们在生活中，常常会遇到这样的事：对方在谈论他自己认为非常得意的事时，眉飞色舞，饶有兴趣。这时，该怎么做才能不使对方心中不快呢?

最好的做法是假装很有兴趣地倾听，千万别在人家话头上浇冷水。如果你所说的内容与对方的得意程度相仿，并且能够使大家谈得更起劲，这当然是求之不得的，但是，一旦你的经验比对方好得多，对方心里可能会想你在轻视他。

所以，当别人正在高谈阔论的时候，插嘴表示“我知道得比你多”或“我的经验比你好”，真的不是什么明智之举。你应该侧耳倾听，让对方畅所欲言，而不是在别人头上浇冷水。

大家可能都熟知这样一个关于逻辑推理的笑话。

张三请了甲、乙、丙、丁四位朋友来吃饭，乙、丙、丁三人如约而至，只有甲迟到。

张三边看表边自言自语道：“怎么该来的还不来？”

乙听后很不高兴地说："那么我是不该来的了？"说完就气呼呼地走了。

张三连声叹气："哎，不该走的又走了！"丙感到张三话外有音，暗想："既然乙不该走，那就是我该走了。"于是他也不辞而别。

张三更急了："我又不是说他！"站在一边的丁再也忍不住，暗想："既然你不是说丙.那就是说我了。"因此也愤愤离去。

一会儿，甲来了，张三唉声叹气："不该走的都走了。"甲听了暗想原来是他该走，于是也走了。

结果来的客人一位没剩，只留下了不知所措的张三。

这虽然只是个笑话，但也说明了说话方式的重要性，如果说话不注意方式，常常会得罪对方，而自己还蒙在鼓里，不知道其中的原因。

因此，在日常的社交中，一定要注意说话方式，否则，就会在自己毫无意识的情况下浇了别人的冷水，得罪了人自己还不知道。

方式16 巧用暗示摆脱困境

关键词：日常交往·尴尬场面·摆脱困境

适用情境：在日常交往中，遇到尴尬的场面时，可运用此方式。

在日常交谈中，有时会遇到比较尴尬的场面，比如：你正要出门办事，朋友却突然造访，而且久久不能离开。这个时候，如果你直接说有事要外出，对方会感到不快，可是如果不说，自己的事又会被耽误。这该如何是好呢？此时，最好的办法就是采用暗示的方法让对方意识到自己的失礼而主动离开。

晚饭后，几个年轻学生去拜访某教授，谈到深夜还没要走的意思，而且谈兴正浓，教授第二天一大早还要出差，于是，他接着其中一个学生的话题说："你提的这个问题非常有研究价值，明天我要去上海参加一个学术会，准备就这个问题找几位专家一起探讨一下。”

几个学生一听教授第二天还要去上海，立即起身告辞：“抱歉，不知您明天还得去外地，耽误您休息了。”

教授打发人的技巧，就与特定的交际场合、对象、自身的身份相称，实现了和谐沟通。当时，如果教授直言，把真实情况直接说出来，当然也可以达到目的，但却会把学生置于尴尬的境地，并且也有失教授慈祥和蔼的形象。

其实在交谈中忘了时间是常有的事，一天，王飞家来了一位客人，坐在客厅里一直聊，根本没有离开的意思。王飞正好有事要外出，屡次暗示客人，但那客人却没有意识到自己的失礼。实在没有办法，王飞心生一计，对他说：“我家的菊花开得正旺，我们到园子里去看看好吗？”

客人欣然而起，于是王飞陪他到花园里观赏菊花。

赏完菊花后，王飞趁机说：“还回去坐坐吗？”

这时，客人看看天色，恍然大悟，连忙说道：“不了不了，天已经不早了，我要回去了。”

王飞这样做不但达到了自己的目的，而且还没有得罪客人，两全其美，何乐而不为呢？

现实生活中，绝大多数人并不是有意不离开，而是没有意识到自己那样做会影响别人，所以如果你直接下逐客令，会让对方感到不快。遇到这种情况，最好的办法就是像上面案例中王飞和那位教授一样，采用暗示的心理策略，让对方意识到自己的失礼行为并主动离开，这样做也是对他人的尊重。

当然，对于很熟悉的朋友，就没有必要如此煞费心机了，你完全可以直接告诉他，你还有事要做，不能久陪，下次再聊。

第三章

演讲沟通

方寸讲台如何点燃激情

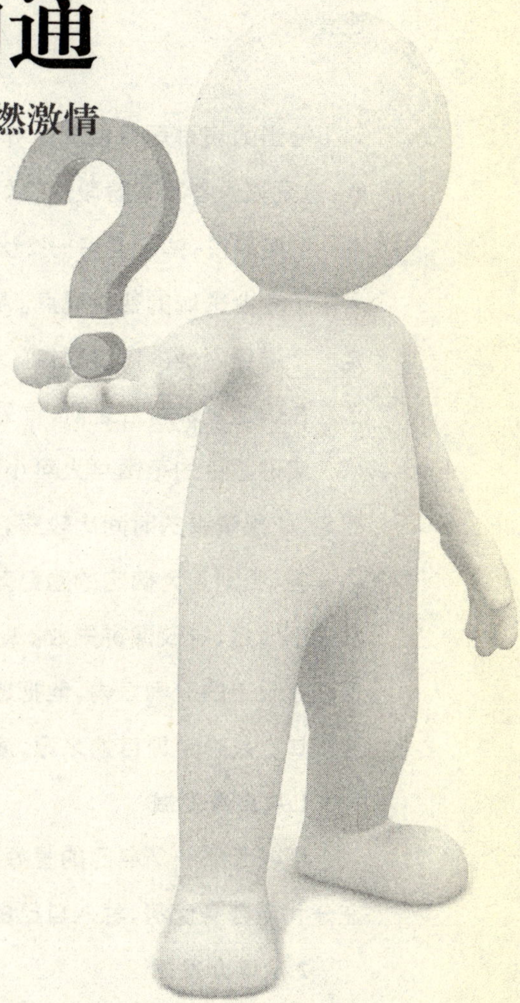

演讲的目的在于宣传思想和激励他人，用意想不到的见解引出话题，营造“此言一出，举座皆惊”的艺术效果；用滴水不漏的语言感染听众，唤起听众的热情和兴趣，引起情感上的共鸣。

方式17 尽量选择自己熟悉的话题为演讲题目

关键词：有效沟通·演讲沟通·演讲题目

适用情境：当需要为演讲确定恰当的题目，明确沟通目标时，需查看此技能。

恰当的演讲题目能充分体现演讲的主题，更主要的是能强烈吸引住听众，这是演讲者准备阶段的良好开端。

一般来说，演讲都有一个大体的方向，或是关于企业的发展规划，或是关于某个专业领域的独特观点。虽然大体方向明确了，但是还不够具体，需要确定一个详细明确的演讲题目。

在确定演讲题目之前，首先要确定题目的范围。

演讲题目的范围可大可小，具体的范围需要考虑演讲的时间和具体情境而定，如果演讲的时间比较短，听众又比较单一，那么演讲的题目范围一定要小一些，否则因为确定的题目范围过大，不能深入阐述而只能泛泛而谈，什么都说不清楚，导致演讲失败。即使演讲时间比较长，题目范围也不可过大。要保证在限定的时间之内，能把题目所应该包括的内容讲清楚。

其次是确定题目的来源，演讲题目的来源主要有以下三处：

1.从自身发掘

可以考虑一下自己的爱好、特点等，从中发掘精彩的演讲题目，在演讲时充分利用自身优势，融入自己的真知灼见，这样演讲一定会很成功。

2.从媒介发掘

书籍、报刊、杂志、电视、网络等各种媒介上的内容，往往能突然激发灵感，使你从中发现大家比较关注的热门话题。

3.从他人的言语中发掘

在和别人的交谈中，从对方的话语、经验、兴趣等各个方面找到符合演讲内容、能引起听众兴趣的题目。

确定了题目的主题和范围之后，就可以从中选择具体的题目了。在确定具体题目时要注意以下三点：

1.选择自己所熟悉或感兴趣的话题

如果选择自己所熟悉和感兴趣的题目，演讲时会更容易融入自己的思想感情，更符合自己的身份、气质。

2.演讲题目要符合听众的理解水平

在确定具体的演讲题目时，要分析听众的教育背景、技术水平、兴趣爱好等方面的因素，从而选择符合听众理解水平和兴趣的题目。

3.演讲题目要符合演讲的具体场合

恰当的题目要符合演讲的具体场合。例如在研讨会上的演讲，一般要选择比较专业而且较为复杂的题目。而非正式场合的演讲题目一般应比较醒目、幽默。

不论确定什么样的演讲题目，都应符合以下三个特点：

(1)揭示主题：演讲题目要和内容紧密切合。

(2)醒目鲜明：题目不可过长，而且还要切合场合和听众的心理。

(3)富有内涵：蕴涵智慧火花，能启发人的心智，既深刻又富有时代精神。

符合了以上三个特点，那么你的演讲题目就一定选择得很恰当，演讲效果也一定会比较好。

方式18 有针对性地搜集演讲材料

关键词：有效沟通·演讲沟通·搜集材料

适用情境：确定了演讲题目，需要丰富演讲内容时，需查看此技能。

确定了演讲题目，下面就该准备演讲内容了，演讲内容的丰富、恰当与否对你演讲的成败具有决定性的影响。演讲的内容来自于你所搜集的材料，所以搜集材料是一个非常关键的环节。

要搜集材料，首先要明确材料的来源，材料的来源主要有以下三处：

1.个人经验

间接的材料虽然比较丰富，但是很难打动听众，采用自己亲身体验的一些事例或者感受则更容易吸引住听众，同时，也可以采用发生在自己身边的一些真实事例。

2.网络

网络资源很丰富，也很有吸引力，所以网络是演讲材料的一个很好来源。

3.媒体资源

通过阅读书刊、杂志、年鉴、百科全书，利用图书馆，上网搜索，观看电视等各种方法都可以搜集到演讲的资料，为了节省时间，还需要掌握一些查阅资料的技巧。

你可以选择恰当的工具，借助索引、书目、数据库、做笔记等各种技巧在最短的时间内找到相关的资料。

4.专业访谈

在对演讲做了初步的调查之后，可以针对演讲的内容采访一些相关的专业人士，这样可以得到权威的第一手资料。

材料的来源是多样化的，要求我们要善于观察、思考、动手，只有这样，才不会为找不到足够的资料而发愁。

通过以上四个来源，可以得到大量的资源，如何选择符合演讲主题的内容呢，这就要寻找支持主要观点并且构成演讲主要内容的那些材料。

材料的丰富性只是搜集材料的基本要求，从中选择支持演讲主要观点的材料才是实质性的一步。再好的材料如果和主要观点无关或根本不支持演讲的观点，那对演讲来说都属于无效材料。

恰当的演讲材料，可以把主题进一步细化，注意，你要说明什么问题，表明怎样的观点，达到什么样的目的，都是你搜集材料的依据，因此，在搜集材料时，要考虑这些关键因素。

其次，要分析听众的需求。

不同的听众对演讲有不同的需求，这使得材料的选择有很大的差别。因此，在搜集材料前，要分析听众的需求，然后确定他们来听演讲的真正目的，有了明确的目标之后选择相应的材料就会变得简单易行了。

如果听众比较单一，那么材料就可以比较单一；如果听众比较复杂，相应的材料也要尽量兼顾多数听众的需求。要灵活运用诸如统计数字、研究调查结果、幽默故事、具体实例等各种材料。

演讲的材料要尽量符合自身、听众和演讲主题的需求，这样才能吸引听众，很顺利地达到演讲目的。

总结以上内容，我们可以归纳得出演讲内容的特点：

1.针对性：材料不但要与演讲主题密切相关，同时还要满足听众的需求。

2.真实性：搜集的材料要真实、可信，不可臆造或虚构。

3.丰富性：要有大量详实的支持观点的材料。

4.新颖性：材料要有时效性和新鲜感，千万不可过于陈旧。

我们在搜集演讲材料时，要注意从这四个特点入手，有针对性地搜集。

方式19 合理安排演讲的正文

关键词：沟通方式·演讲沟通·演讲正文

适用情境：搜集好演讲材料，要组织构架，形成演讲正文时，可运用此方式。

材料搜集齐全，就该准备正文了，这是演讲成功与否的关键。因而，将材料周密而巧妙地组织成正文的这个过程显得尤为重要。我们应按照以下几个步骤来组织演讲正文：

第一步：理清思路。

演讲的条理性取决于思路的清晰程度，因此，演讲前首先需要在头脑中明确几个问题，如：演讲的主题和将要达到的目的，目前拥有哪些材料，如何利用这些材料，以何种逻辑关系来展开论证，如何引导听众赞成你的的观点。

第二步：编写提纲。

理清思路后，就开始编写提纲。要先把确定下来的思路记下来，把所有的观点表达成关键词或者完整的句子，以提纲的形式落实到纸面上。

提纲是具体思路的体现，不需要太详细，只要把演讲主题部分的流程或者论证步骤写清楚即可。

第三步：组织材料。

组织材料就是将通过各种途径搜集到的材料汇聚在一起．依据论证的需要挑选合适的事实材料。一般应选择那些最具有说服力和感染力的材料。材料不宜过多，只要能充分论证问题即可！同时还要依据论证的需要、听众的接受程度等各种因素来安排材料的详略。另外，观点和材料应恰当合理地搭配，这样，才能使论证更加丰满。

第四步：把握时间。

演讲都会有一个大概的时间限制，需要在有限的时间里完成演讲，并使演讲达到最好的效果，尤其是对正文的演讲时间要有很好地把握。这就要求正文的长短要安排合理，不可过短，也不能过长。

演讲的正文是演讲的主体部分，一定要把它组织好，只有这样，演讲才能成功。

方式20 用独特的开场辞吸引听众

关键词：演讲沟通·开场辞·吸引听众

适用情境：上台演讲前，不知该如何做开场辞时，需查看此方式。

演讲时，开场辞最不易把握，演讲者要想三言两语抓住听众的心，并非易事。如果在演讲的开始听众对演讲者的话就不感兴趣，那后面再精彩的言论也将黯然失色。

1.触动听众的内心

听众对平庸普通的论调都不屑一顾，置若罔闻；演讲者倘若用意想不到的见解引出话题，营造“此言一出，举座皆惊”的艺术效果，会立即震撼听众，使他们急切地想接着听下去，这样就能达到吸引听众的目的。

2.用自嘲活跃气氛

自嘲是幽默的最高境界。自嘲用在开场辞里，目的是用诙谐的语言巧妙地自我介绍，这样会使听众备感亲切，无形中缩短了演讲者与听众间的距离。

在一次作代会上，萧军应邀上台，第一句话就是：“我叫萧军，是一件出土文物。”这句话包含了多少复杂感情：有辛酸，有无奈，有自豪，有幸福。而以自嘲之语表达，形式异常简洁，内蕴尤其丰富！

胡适在一次演讲时这样开头："我今天不是来向诸君作报告的，我是来'胡说'的，因为我姓胡。"语音刚落，听众大笑。这个开场白既巧妙地介绍了自己，又体现了演讲者谦逊的修养，而且活跃了场上气氛，一石三鸟，堪称一绝。

3.情景交融，引人入胜

一上台就开始正式演讲，会给人生硬突兀的感觉，让听众难以接受。不妨以眼前的人、事、景为话题，引开去，把听众不知不觉地引入演讲之中。

1863年，美国葛底斯堡国家烈士公墓竣工。落成典礼那天，国务卿埃弗雷特站在主席台上，只见人群、麦田、牧场、果园、连绵的丘陵和高远的山峰历历在目，他心潮起伏，感慨万千，立即改变了原先想好的开头，从此情此景谈起：

站在明净的长天之下，从这片经过人们终年耕耘而今已安静憩息的辽阔田野放眼望去，那雄伟的阿勒格尼山隐隐约约地耸立在我们的前方，兄弟们的坟墓就在我们脚下，我真不敢用我这微不足道的声音打破上帝和大自然所安排的这意味无穷的平静。但是我必须完成你们交给我的任务，我祈求你们，祈求你们的宽容和同情……

这段开场白语言优美，节奏舒缓，感情深沉，人、景、物、情是那么完美而又自然地融合在一起。据记载，当埃弗雷特刚刚讲完这段话时，不少听众已泪水盈眶。

4.用故事提升趣味

用形象性的语言讲述一个故事作为开场辞会引起听众的莫大兴趣。选择故事要遵循这几个原则：要短小，不然成了小说评书；要有意味，促人深思；要与演讲内容有关。

1962年，82岁高龄的麦克阿瑟回到母校——西点军校。这里的一草一木，令他眷恋不已，浮想联翩，仿佛又回到了青春时光。在授勋仪式上，他即席发表演讲，开头他这样说：

"今天早上，我走出旅馆的时候，看门人问道：'将军，您上哪儿去？'一听说我到西点时，他说：'那可是个好地方，您从前去过吗？'"

这个故事情节极为简单，叙述也朴实无华，但饱含的感情却是深沉的、丰富的。既说明了西点军校在人们心中非同寻常的地位，从而唤起听众强烈的自豪感，也表达了麦克阿瑟深深的眷恋之情。接着，麦克阿瑟不露痕迹地过渡到“责任—荣誉—国家”这个主题上来，水到渠成，自然妥帖。

5.用悬念激发好奇心

人们都有好奇的天性，一旦有了疑虑，非得探明究竟不可。为了激发起听众的强烈兴趣，可以使用设置悬念手法。在开场白中制造悬念，往往会收到奇效。

有一位教师举办讲座，会场秩序比较混乱，学生对讲座不感兴趣，老师转身在黑板上写了一首诗：“月黑雁飞高，单于夜遁逃。欲将轻骑逐，大雪满弓刀。”写完后说：“这是一首有名的唐诗，大家都说写得好，我却认为它有点问题。问题在哪里呢？等会我们再谈。今天，我要讲的题目就是‘读书与质疑’。”这时全场鸦雀无声，学生的胃口被吊起来了。演讲即将结束时，老师说：“这首诗问题在哪里呢？不合常理。既是月黑之夜，又是严寒冬季，北方哪有大雁？”这样首尾呼应，强化演讲内容，令人回味无穷。

方式21 从生活中实实在在的事说起

关键词：演讲沟通·演讲正文·激发兴趣

适用情境：要想激发听众的兴趣，需运用此方式。

在叙事型演讲或谈话中，演说者要从生活中实实在在的事说起，以事才能明理。这在演讲和说话中是一条非常重要的思路。

叙事型演讲是通过通俗易懂和生动感人的经验、事例引发出深刻而令人深思的道理。它不能是生硬、机械地空谈道理，而是讲述一些实实在在的道理，丝丝入扣地分析事理。一句话，善于这样做的人懂得：哪怕是最好的调料，也不能一勺一勺地填入听众口中，而只能撒在汤中，浇在菜里，恰到好处，适可而止。

国务院总理温家宝，2008 年 1 月 24 日下午，在国务院第一会议室，与各民主党派、全国工商联负责人和无党派人士座谈。

当天一共有 10 位代表发言。在认真听完各位代表的发言后，温家宝说，应该逐步使政府同民主党派的联系制度化，对于重大决策以及涉及国计民生的重大问题，要听取民主党派、工商联、无党派人士的意见；要为民主党派、工商联、无党派人士的调查研究提供方便、创造条件。

温总理针对当前形势，敢于面对现实，说出一番实话，他说："2008 年恐怕是经济上最为困难的一年。为什么说它困难？这种困难还不在经济本身，而在国际形势、经济环境有许多不确定的因素。"这样说，增加了演讲的感染力和说服力。

当然，只有在事实以及基于事实的一系列基本判断真实可信的条件下才能得出富于说服力的结论。因此，演讲者和说话者必须学会一定的技巧，以强化基本事实和判断的可信度。有一位牧师在布道演说中这样说教：

"兄弟姐妹们，请大家把头抬起来，看看上边，看看气窗和天窗，看看上面的玻璃，是否明亮？是否像在室外一样看到蓝天和太阳？请兄弟姐妹们把头低下来，看看下边，看看地板上，是否干净？是否有一片纸屑、一口痰迹？请兄弟姐妹们把手伸出来，把双手都伸出来，摸摸凳子上面再摸摸扶手，看看你们的手掌，是否有一星尘埃、一点污迹？你们看看左边再看看右边，看看每一个窗台，看看窗台上的每一盆花、一盆一盆看过去，有没有发现一片黄叶？是不是每一盆花、每一朵花都开得正好？一切都做得很好，好得不能再好，是不是呢？然而我们却不知道是谁做了这些事。

"当然，一定有人做了这样的事。兄弟姐妹们，是谁做了这样的好事？我们不想把做了好事的人一个个指给大家看，也不应该把这样的好人一个个指给大家看。兄弟姐妹们，看看你们的左边，看看你们的右边，看看你们的前面或是后面，做了好事的人就在你的身边。你们相互看一眼，笑一笑，就这样好了，也就足够了。有心做好事的人，不愿意人们知道他，但做了好事的人，你是一眼就可以看得出来的，做了好事心里就满足，就愉快，他的神情就温暖，就慈爱。做了好事的人心里很清楚，是谁来得最早，谁是第一，谁是第二，谁带的抹布，谁带的扫把，谁送的鲜花……”

牧师从刚刚发生在人们身边真实的事情说起，平稳自然地把一些做事和做人的道理寓于其中，让人们切实地体会到身边的小事需要每一个充满爱心的人去做。

方式22 用哲理性的语句提升听众信心

关键词：演讲沟通·提振信心·煽动激情

适用情境：演讲中，想要提振听众信心，煽动听众激情时可运用此方式。

2008年经济危机席卷全球，在人们普遍焦虑和茫然时，温家宝总理在9月27日“达沃斯论坛年会”开幕式和企业家座谈会上回答提问时指出：“当金融和经济危机到来的时候，信心比黄金和货币还要贵重！”

这句话非常富有哲理性，尤其在特殊的时期说这句话，提升了国民的信心。

一个人在演讲中能否让话题有哲理，能否产生震撼性的效果，与说话者的思想成熟度密切相关。哲理性语言有许多种类型：

1.警策型

这类语言的特点是话一出口使人一惊，但惊而无险。出人意料，却在情理之中。例如，有一位哲学家曾说过这样一句话：“有人可能一百岁时才走向坟墓，但他生下来就已经死亡。”这句话中的“活了一百岁”与“生下来就已经死亡"是一对矛盾，然而矛盾背后却蕴涵着深刻的哲理。

2.若愚型

这一类型的语言往往说出最平常的事，然而这些事情一经提示，便成了很耐人寻味的东西。如爱默生说："站在山的旁边，就看不到山。"歌德也曾说："光线充足的地方，影子也特别黑。"他们说的都是极普通的事实，然而一经他们提示，这些事实就起了奇妙的变化，使人从中领悟到了很多东西。

3.忠告型

这类语言常使人在善意中感到亲切，在亲切中领悟道理。如："如果你考虑两遍再说，那你一定说得比原来好一倍。""如果一个人不知道他要驶向哪个码头，那么任何风都不会是顺风。""从伟大到可笑，只有一步远。"等等。

4.总结型

这类语言的特征是归纳经验。如："长久迟疑不决的人，常常找不到最好的答案。""财富往往像海水，你喝得越多，就越感到渴。"等等。演讲和谈话中运用哲理性语言，可以达到精辟、深邃和简练的效果，可以使自己的言辞更有力量。

从生活中提炼具有哲理性的句子，并用排比的形式加以列出，效果会更好。如有一篇演讲中阐述"严厉惩处不是纠正腐败现象的最好手段"的观点时，强调指出："腐败分子是活生生的人，你消灭了他的肉体，却消灭不了他的灵魂；你限制了他的人身自由，却限制不了他的思想自由；你解除了他的职务，却解除不了他的恶劣影响。"这段富有哲理的话，会赢得听众的阵阵掌声。

方式23 用生动的故事感动听众

关键词：演讲沟通·感动听众·激发兴趣

适用情境：演讲中，要激发听众兴趣，让听众动情时，运用此方式。

有的演讲者在演讲时只是刻板地讲些理论，让听众感到没有意思，于是，他在台上讲，听众在台下小声说，有的人打瞌睡，有的人干脆溜了。但有的演讲者，在演讲时经常穿插一些小故事，听众非常感兴趣。所以，有经验的人在演讲时总是在注意搜集故事，特别是到一个新地方演说，总是希望能够早几日到达该处，有充分的时间去访问当地人，了解当地情况和历史，然后再来演讲，演讲辞中尽量插入该地的实际情况，这样才能引人注意。如果总是讲述一些刻板的理论，会令人生厌；而讲述一些普通人的事，就容易抓住听众。

演讲者必须牢记：人们不愿意接受教训式的演讲。教训是没有一个人愿意听的，必须要使听众高兴，否则，没有人会注意到你的演讲。世界上最大的趣事之一，便是高尚的美妙的闲谈，应该讲述自己熟悉的人的故事给听众，说明为什么某人成功而某人失败的原因，这是听众所乐意听到的。

例如，某人在演讲“人靠什么成功”时说了这样一个故事：

有一位留美的计算机博士，毕业后想在美国找份工作。由于自己是博士，所以找工作的时候，净挑一些职位高的，职位太低了他总觉得没面子。就这样跑了许多天，始终没有结果。一天晚上，他思来想去，突然决定改变求职的方法。

第二天，他来到一家职业介绍所作了登记。不过，他没有出示任何学位证明，他要以最低的身份碰碰运气。

出乎意料的是，没过几天，就接到职介所的通知：他被一家公司录用了，职位是程序输入员。

对一个计算机博士来说，这个职位简直是用“高射炮打蚊子”，太大材小用了。不过，他知道这份工作来得并不容易，所以干得一丝不苟。

没过多长时间，老板就发现这个小伙子非一般的程序输入员可比。因为他能看出程序中不易察觉的错误。这个时候，他亮出了学士证，老板看了看，就给他换了个对应的职位。

又过了几个月，老板又觉得这个小伙子远比一般的大学生高明，因为他时常能提出许多独到的，而且非常有价值的建议。这个时候，他亮出硕士证，老板看了一眼，就立刻提拔了他。

又过了半年，老板觉得他还是和别人不一样，他几乎能解决工作中遇到的所有技术难题。

于是，老板破例请他到自己家喝酒。在老板的一再追问下，他说自己是个计算机博士，因为工作不好找，就隐瞒了起来。第二天一上班，老板就宣布了他的新职位。

他还没有来得及出示计算机博士证，就成了公司的副总裁了。

这个演讲者所说的故事，很有趣味，因而容易获得演讲的成功。演讲者讲述内容丰富的人生故事，一定是动人的。

方式24 用肢体语言来增强演讲效果

关键词：演讲沟通·肢体语言·演讲效果

适用情境：需要运用恰当的肢体语言来增强演讲效果时，可查看此方式。

演讲是将话语和肢体语言完美结合的一种重要的沟通形式，可见，演讲离不开肢体语言，演讲中如果没有肢体语言，演讲将枯燥而无味，无法吸引听众。

需要注意的是，肢体语言一定要运用的恰当，如果不恰当，会起到相反的作用。那么如何才能使肢体语言运用恰当呢？

首先，要注意仪表。在演讲开始之前，听众最先观察到的是你的仪表。得体的服饰，优雅的仪态，最能博得听众的好感。在为演讲选择服饰时要注意以下三点：

1.选择服饰首先要合体，可以适当地选择一些能够掩盖自身缺阶的服饰。

2.要和演讲的场合密切协调。正式的演讲场合一般要穿西装、套裙等正装。非正式场合的演讲对服饰没有特殊的要求。

3.服装颜色的搭配尽量避免过于单一，但也不能过多，服装颜色一般不应超过三种。

第二，表现恰当的面部表情。演讲中所包含的复杂感情都可以通过面部表情充分体现出来。

在演讲时不能把自己的感情隐藏起来，而是让它充分地展露出来。让听众在你的眉宇间和嘴角旁都能体察到细微的情感变化。

第三，用眼睛说话。演讲时，无数双眼睛都在密切地注视着你，因此，你也需要用眼睛和他们适时地交流，这属于一对多的沟通.要讲究一定的技巧。

1.环视。为了拉近与每一位听众的距离，要让他们感觉到你和他们的目光都有交流，可以通过环顾四周的方式来达到这样的目的。例如在演讲开始时，以环顾四周来表示对听众的问候；在提出问题时，通过环顾四周来征求听众的答案等。

但是要注意，这种方式不能用得过于频繁，否则，听众会认为你的演讲飘忽不定，从而对你失去信任感。

2.平视。演讲时为了保持仪态得体，可以将眼睛平行望着前方，一般望着最后一排的位置为佳。一定要避免仰视和俯视，前者容易使演讲者显得目空一切，后者则会显得演讲者缺乏自信，这些都会让听众产生反感。

3.虚视。如果您感觉紧张的话，可以将目光锁定在一个虚设的东西上，这样可以避免因为紧张或者其他的事情分心。

4.注入情感。演讲中，表演是其中的一部分。演讲时内心的情感可以在眼神中得到部分体现，例如高兴、失望等各种情感都能从眼神中传达给听众。

第四，合理运用手势。

每当我们兴高采烈地谈论某个话题时都会高兴得不由自主地打手势。演讲中手势的运用更是必不可少的。

例如掌心向上，伸展出去，往往是抒情或者邀请的意思，而挥动攥紧的拳头则表示某种强烈的情感或者坚定的信心。

第五，注意其他身体姿势。

上下演讲台时的坐、站、行等各种姿势都会影响听众对演讲者的印象。坐要求腰板挺直，站要求抬头挺胸收腹，行要求脚步坚定。同时应避免在演讲台上来回不停地踱步。

演讲中的肢体语言无论多么复杂和微妙，都必须是自然流露，那些生硬的动作，矫揉造作的表情只会让听众产生反感。

方式25 结尾要充满感情，引起共鸣

关键词：演讲沟通·结尾·共鸣

适用情境：当演讲临近尾声，需要结束本场演讲时，可运用此方式。

演讲中，无论开场和正文有多精彩，如果没有一个好的结尾，肯定不会达到预期的效果。好的演讲结尾要充满感情，引起听众共鸣。这需要技巧，更需要经验。我们先来看下面这个例子，这是当年威尔斯亲王在多伦多帝国俱乐部发表演说时的结束语：

"各位，我很担心。我已经脱离了对自己的克制，而对我自己谈得太多了。但我想要告诉各位，这是我在加拿大演讲以来听众最多的一次。

我必须要说明，我对我自己地位的感觉，以及我对与这种地位同时而来的责任的看法——我只能向各位保证，将随时尽这些重大的责任，并尽量不辜负各位对我的信任。"

大家可以听出，即便是不敏锐的听众，也会"感觉"到这就是结束语。它不像一条未系好的绳子那般在半空中摆荡；它也不会零零散散地未加修整，它

是修剪得好好的，已经整理妥当的。

林肯总统在他的就职演说中所表现的是多么高贵而又富有力量，下面是他这次演说辞的结尾部分：

“我们很高兴地盼望，我们很诚挚地祈祷，这场战争的大灾祸将很快成为过去。

然而，如果上帝的旨意是要这场战争持续两百五十年，让那些无报酬的奴隶所积聚的财富完全耗尽，持续到受皮鞭鞭打而流出的每一滴血要用由刀砍伤而流出的血来赔偿，那么，我们也必须说出三千年来相同的那句话：‘上帝的裁判是真实而公正的。’

不对任何人怀有敌意，对所有人都心存慈悲，坚守正义的阵营，上帝指引我们看见正义，让我们努力完成我们目前正在进行的任务，治疗这个国家的创伤，照顾为国捐躯的战士们，照顾他们的遗孀及孤儿，我们要尽我们一切的责任，以达成在我们之间的一项公正永久的和平，并推广至全世界各国。”

奥巴马就职演说和林肯的就职演说可以说有着异曲同工之妙，他们的结尾都可以说是透着庄严的语气、铿锵有力的话语，体现着内心真实的感情，行云流水，体现着一位杰出的演讲者应该具备的扎实素质。奥巴马在就职演说辞的结尾这样说道：

“让我们记住这一天，记住我们是谁、我们走了多远。在美国诞生那一年，在最寒冷的几个月，在结冰的河岸，一群爱国人士抱着垂死的同志。首都弃守，敌人进逼，雪沾了血。在那时，我们革命的成果受到置疑，我们的国父下令向人民宣读这段话：

“‘让这段话流传后世，在深冬，只剩下希望和美德时，这个城市和这个国家，面临共同危险，站起来迎向它。’”

“美国，面对我们共同的危险，在这个艰困的冬天，让我们记得这些永恒的话语。怀着希望和美德，让我们再度冲破结冰的逆流，度过接下来可能来临的暴风雪。

让我们孩子的孩子继续流传下去，说我们受到考验时，我们拒绝让旅程结束，我们不回头，也不踌躇；眼睛注视着远方，上帝的恩典降临我们，我们带着自由这个伟大的礼物，安全送达未来的世世代代。”

可以说，像这样充满感情、充满爱意的演说很容易引起人们的共鸣，给人们以强有力的触动，从而留下更多的回忆。也只有这样的结尾，才可称得上美丽而又完整的结尾。

第四章

会议沟通

大问题请到会议室

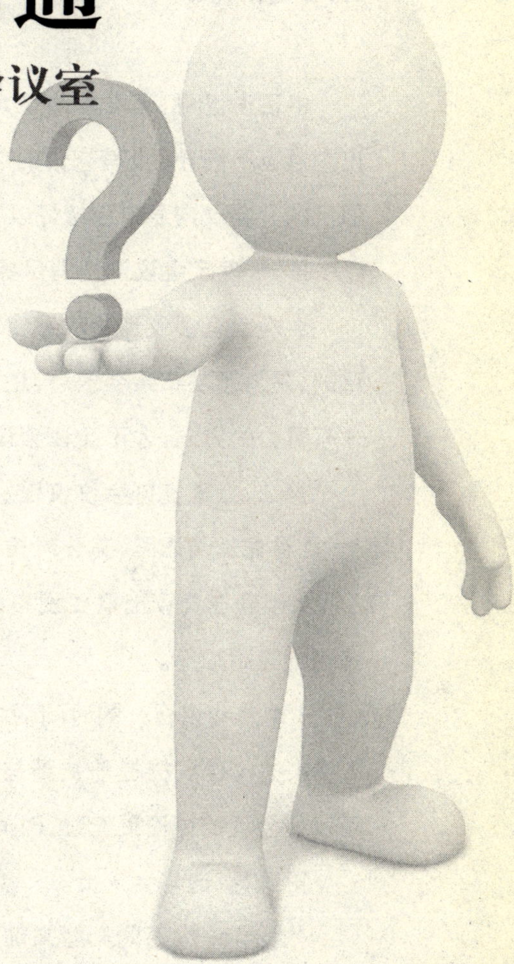

一位企业的老总曾经这样说过：“我如果不是在开会，就是在去往下一个会议的路上。”尽管这样说有些夸张，但是却形象地体现了会议沟通在管理者的工作中所占的比重。

方式26 会议之前要做充分的准备工作

关键词：会议沟通·准备工作·充分准备

适用情境：在会议沟通之前，想使会议顺利进行，达成会议沟通的目的，需运用此方式。

俗话说，不打无准备的仗，不论是做什么事情，都要做好充分的准备，会议沟通也不例外。没有充分的准备，会议就无法顺利进行，也就无法达到会议的目的。会议沟通中应做好以下三方面的工作：

第一，确定会议沟通的目标。

当确定有会议沟通的必要时，首先要明确自己要通过此次会议达到什么目的，是为了发布某项信息，还是想通过会议达成某项决议。目标明确之后，才有努力的方向，才不会让会议偏离主题，才能大大提高会议的效率。

第二，合理安排会议议程。

1.首先理清思路，充分考虑会议的进程，并且以条款的形式记录下来。

2.整理在会议上需要发布的信息或者讨论的议题，然后依据其重要程度排列出先后顺序。

3.确定会议召开的时间，并且依据主客观的情况，估计会议需要的时间。

4.把议程安排提前交到与会者手中，让与会人员也有充分的准备，这样可以使会议的讨论更充分，时间也可以适当缩短。

第三，挑选与会人员。

依据会议的不同类型来确定与会人员：

1.如果召开的是信息型会议，那么就应该分析此信息的价值，把最需要了解这些信息的人确定为与会人员，并且及时通知他们。

2.如果召开的是决策型会议，那么应该从会议的目的入手，明确通过此次会议需要解决哪些问题，哪些人士对这些问题最了解，最有发言权，哪些人士在这些方面最权威、最有影响力，哪些人士对执行达成的决策会有帮助。

第四，合理安排会务。

1.确定会议召开的地点。考虑到会议的成本，公司会议室是方便且节省开支的首选场地，但是如果涉及公司对外公关形象，或与会人员过多时，可以考虑租用酒店或者展览中心的专用会议室。

2.调配会议的设备。会议召开前，空调的温度，灯光的亮度，通风情况如何，桌椅是否舒适，桌椅如何排列，需要的音响设备、视频设备、记录设备等都要考虑齐全，要和会议的规模、类型等相匹配。

不要以为会议的准备工作不属于正式的会议内容就轻视它，就不好好去做，这是极端错误的想法，因此，充分的准备工作会为会议的成功进行奠定坚实的基础，没有充分的准备工作，就不会有会议的成功。因此，要想使会议成功进行，就先从准备工作吧！

方式27 为会议安排一个精彩的开场

关键词：会议沟通·开场白·避免紧张

适用情境：想要为会议安排一个精彩的开场时，需查看此方式。

开场白是会议成功与否的一个重要因素，开场白的准备工作是避免紧张的关键。成功的会议开场白，可以给整个会议带来一个有组织的开始。要想使会议有一个成功的开场，需做好以下几点：

1.准时开会

在会议准备时期，要把会议的召开时间明确地告诉与会者，没有特殊情况，都要按照预定的时间准时开会。否则既浪费了与会者的时间，又加剧了他们的焦虑和抵触情绪，影响会议的效果。

2.介绍与会人员，并表示欢迎

如果与会人员都比较熟悉，就没有必要向大家介绍。相反，如果与会人员比较生疏或者会议比较正式，一定要让他们做自我介绍，或者由会议主持把与会人员直接介绍给大家。当明确了与会人员的身份之后，要及时向大家表示欢迎。

3.制订或者直接宣布会议的基本规则

会议的基本规则是会议中行为的基本准则，应制订诸如“不允许跑题”、“聆听每一个人的发言”以及“每个人发言时间不能超过五分钟”等规则。这些规则可以在会议开始时由与会者共同来制订，也可以把先前制订好的规则直接宣布出来，以便更全面地征求大家的意见。如果规则是由与会者共同制订而不是主持人强加给与会者的，效果会更好。

4.分配记录员和计时员的责任

记录员和计时员可以让与会人员自愿担任，也可以由会议主持人指定。对于一些例行会议，可由所有人轮流担当这些角色。

会议开始的程序虽然比较简单，但是非常重要，它直接影响着整个会议的效果。因此，一定要为会议的开场做充分的准备，以便保证会议的顺利进行。

方式28 用提问的方式来主持会议

关键词：沟通方式·会议沟通·主持会议

适用情境：当准备主持会议时，可查看此技能。

每个会议都需要主持人指导进行。如果你主持会议，最重要的任务就是必须确保每次会议顺利进行，成功结束。会议主持的主要工作有以下三项。

1.指出会议主题

在会议开场后,应该把这次会议的主题简短、明确地告诉与会者,让大家知道这次会议到底需要解决一个什么样的问题。如果问题比较多,那么首先要解决哪些问题。

2.恰当引导会议

问题提出来之后就需要大家集思广益来寻求解决的办法。作为会议主持,要鼓励每一位与会者积极发言。如果有人滔滔不绝,要及时地提醒他时间有限,让他简短说;如果有人沉默不语,则要在适当的时机询问他对某些问题的看法是什么,这样才能更好地听取各方面的意见,有利于正确地做出决策。

最常用的引导方式是提出问题,针对目前所讨论的内容做出引导性的提问,这样,会使与会者的思想迅速集中到一起,提高会议效率。我们常用的问题大致可以分成两类:开放式和封闭式的问题。开放式的问题需要我们花费更多的时间和精力来思考,得到的答案不确定,而封闭式的问题则只需要一两句话就可以回答了,非常容易得到对方明确的观点。

3.提出自己的意见

作为一位优秀的会议主持,在引导与会者发言的同时,还要提出自己的简短意见。例如"让我们试试"、"这是一个好思路,让我们继续下去",这样可调动与会者的积极性,激励他们勇跃发言。

主持会议是对主持人掌控能力和应变能力的一次考验,只有熟练掌握了以上这些技巧,才能使主持的会议更加成功。

方式29 灵活应对会议中的困境

关键词:会议沟通·陷入困境·灵活应对

适用情境:当会议因某种情况陷入困境时,可运用此方式。

会议的成功与否,不但取决于会议主持,还和与会者的密切配合有很大的关系,因此,要想成为一名优秀的会议主持,必须掌握一些应对会议困境的技巧,以保证与会者密切配合。

下面介绍几种会议中常常遇到的困境及其应对策略。

1.有人和身边的人开小会

上面开大会,下面开小会,当与会人员较多时,常常会发生这样的现象,如果这种小会的时间比较短,那么对会议不会有太大的影响,如果持续时间较长,则会对会议的顺利进行构成威胁。遇到这种情况,不妨直接点名,请他谈谈自己的想法,告诉大家他刚才所讲的内容。也可以先用目光注视他,给以暗示。如果他还是没有停下来,你可以保持沉默,注视着他,等对方意识到自己的不礼行为时,再继续进行讨论。

2.有人想争论

有时个别与会人员自以为无所不知,对其他与会人员的发言横加指责,这既伤害了其他与会人员发言的积极性,也扰乱了会议的进程。此时,会议主持可通过提问的方式直接向想要争论的人发难,从他的回答中引出其错误或者牵强的一面,征得其他与会人员的支持。如果想要争论的人不够敏感,觉察不到你的用意,为了确保会议的正常进行,还可以直截了当地告诉他这种吹毛求疵的做法扰乱了会议的进程,浪费了宝贵的时间,然后向另一个人提问,以便让讨论继续下去。

3.有人试图支配讨论局面

举行会议一般是为了通过讨论来达成某项决议或者共识。所以要让每一位与会人员都能积极地参与进来，千万不能让某一个人控制局面。

当有人想支配讨论局面时，会议主持者要在适当的时机提醒他，要求他听听别人的意见，还可以针对讨论的核心内容提一些比较直接的问题，以此来调动其他与会者积极发言。如果以上两种方法都无济于事，可以在会议的休息时间找这个人谈一下，与其谈话时要做到以理服人，以情动人。

4.有人跑题

跑题是会议中经常遇到的情况，遇到跑题的与会人员时，可以用眼睛注视着对方，对对方的良好意图表示感谢和肯定，并建议对方采取一种新的方式。

应对会议中的困境，没有一个固定的方法，应具体问题具体对待，只有这样，才能让会议顺利进行，实现会议的目标。

方式30 让会议的目标在结尾中得到充分体现

关键词：沟通方式·会议沟通·会议结尾

适用情境：会议要结束时，可运用此方式。

既然开会，一定有目的，会议就是为了实现目标才举行的，而会议目标的实现情况能够在会议结尾中得到充分的体现。所以圆满地结束会议是确保会议目标实现的一个重要环节。

那么，如何才能使会议有一个完美的结尾呢？

1.回顾会议议程

依据之前安排好的会议议程，依次回顾每项议题的解决情况，看哪些议题得到了妥善的解决，哪些议题还没有解决，是否针对遗留问题安排下次会议，并且说明下次会议的可能议程。

2.总结会议内容

会议结束时，需要对议题讨论的结果进行总结。比如：在会议过程中大家在哪些方面达成了共识，做出了哪些主要的决定，共同认可的行动方案有哪些。

3.让与会人员总结发言

为了体现会议的民主性、公正性，尊重每一位与会人员，在会议结尾时给每一位与会者一个发言的机会，一般为一句简短的总结性的话。

4.对会议进行评估

对会议策划与会议结果进行简短的评估，明确这次会议到底解决了什么问题，是如何进行的，与会者从中获得了什么。

5.进行大总结

最后，对取得的成果表示祝贺，对有价值的观点表示认可，向所有的与会人员表示感谢。在以"谢谢各位"来结束会议时，声音要洪亮，富有亲和力。

会议的结尾和开场一样，是成功举行会议的一个重要环节，只要做好以上五点，相信会议一定会很成功。相反，如果结尾处理不好，会让与会人员有一种挫败感，很难达到会议的目标。

第五章

谈判沟通

赢得和润，达成支持

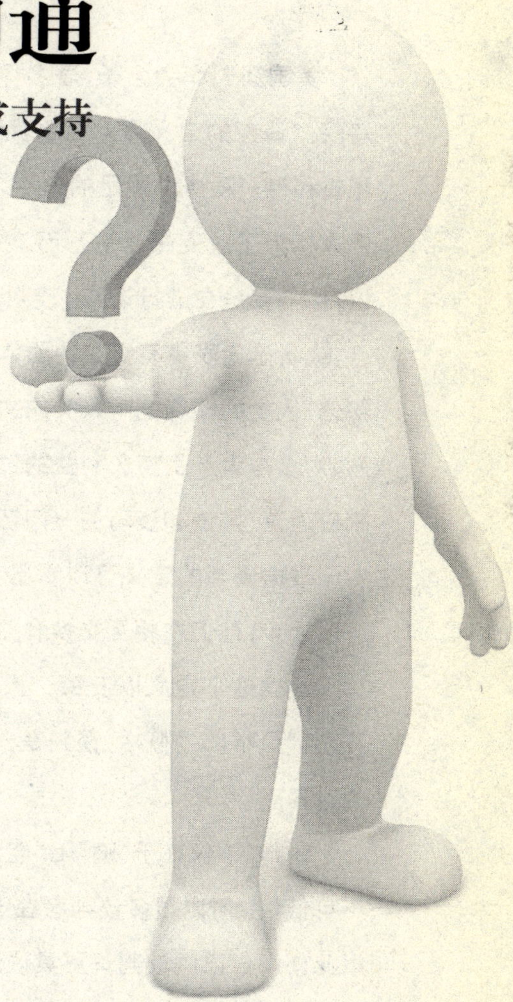

很多人认为谈判就是一场你死我活的竞争，总有一方得意，一方失意。其实并不然，作为一个谈判高手，你会让客户永远感觉是他自己赢得了谈判，并且迫不及待地想要再次见到你，而不是在第二天醒来时恍然大悟，“哦，我知道这个家伙做了什么。等着吧，看我下次怎么收拾你”。

方式31 谈判前先做好准备工作

关键词：沟通方式·谈判沟通·准备工作

适用情境：要为谈判做准备时，可运用此方式。

美国谈判学会会长，著名律师杰勒德·尼尔伦伯格在《谈判艺术》一书中阐明："谈判的定义最为简单，而涉及的范围却最为广泛，每一个要求满足的愿望和每一项寻求满足的需要，至少都是诱发人们展开谈判过程的潜因。只要人们为了改变相互关系而交换观点，只要人们是为了取得一致而磋商协议，他们就是在进行谈判。谈判通常是在个人之间进行的，他们或者是为了自己，或者是代表着有组织的团体。因此，可以把谈判看做人类行为的一个组成部分，人类的谈判史同人类的文明史一样长久。"同时，"谈判还是影响人际关系、对参与者产生持久利益的过程，是包括一切协商的交涉体系，是需要掌握相应理论、方法和技巧的一门艺术"。

根据谈判的定义可以看出，谈判的实质是谈判双方在利益上既离不得又可以让步，他们在相互交换利益和切割利益。

根据这个定义以及每个人在现实中所经历的各类谈判，我们可以得出"谈判"更精辟的概括：谈判是一个双方求取共识、集结共同利益、心和心互动的过程。

谈判，不仅在于"嘴"上"能说"，同时谈判气氛的营造，对其成败的影响也不可低估。所以很多谈判者在谈判之前，都会有意识地创造合适的谈判气氛，以此使得自己的谈判词更具说服力。

谈判前的未雨绸缪，是完成谈判策略最为重要的一环。一般而言，在双方开始交涉之前，准备工作大体分两步：一是要理清自己的思路，然后把谈话要点理出，以防在谈判中挂一漏万；二是要做好物质的准备。包括收集、整理相关文件、资料、信息以及谈判场所的选定。开始谈判后，气氛有可能发展，但最重要的还是在之前的气氛营造，它是建立良好谈判的基础。因为在谈判的初始阶段，双方都需要调整各自的思维，熟悉与研究对手，所以其话题应该是轻松的，也可能是题外的，直到双方找到某一种共同语言，逐渐撤去初始阶段所设的心理屏障，这时才逐渐过渡到谈判的正题上面来。

所谓的未雨绸缪，即要注意以下几个方面。

1.探取相关信息

相关信息作为谈判的第一筹码具有重要的意义。在谈判过程中，相关信息，我们也可以称之为“情报”，它最具说服力，包括统计资料、实验报告、客户意见、违规资料、竞争报价等。谁手中掌握了充分的情报，谁就能以事实向对方施加压力。情报最容易给对方制造压力，从而起到有效说服对方的目的。情报也有真假之分，买卖双方可以互相使用情报，谁使用的更娴熟，谁就容易说服对方。

2.替对方着想，让对方容易做出决策

谈判的目的是让双方都获得利益。因此，在谈判交涉的过程中，要给对方留下你有诚意的感觉。让对方容易做出决策的方法是：让对方觉得解决方案既合法又正当；让对方觉得解决方案对双方来说都是公平的；另外，对方的先例也是让对方做出决策的原因之一。

3.找出双赢的解决方案

双赢在绝大多数的谈判中都是存在的。创造性的解决方案可以满足双方利益的需要。这就要求谈判双方应该能够认识到共同的利益所在。每一个谈判者都应该牢记：每个谈判都会有潜在的共同利益；存在共同利益就意味着有达成共识的机会；强调共同利益可以使谈判更加顺利。另外，谈判者还应注意谈判双方兼容利益的存在，即不同的利益，但彼此的存在并不会发生矛盾或冲突。

方式32 注意谈判语言的运用

关键词：谈判沟通·谈判语言·语言技巧

适用情境：与对方谈判时，需运用此方式。

学会谈判的语言艺术，确实是一件不容易的事。人们常说“十年学个秀才，十年学不成生意人”。其中的生意指的就是谈判桌上的谋略和语言。说起来，谈判语言和日常语言、外交语言相比，没有什么大的不同。不过，它也有它的行业特点，学好用好谈判语言要注意以下几个问题。

1.语言要有感染力

你要通过自己的言行举止表现出你对这场谈判成功的信心和决心。这类的话语，不但能够提升你的可信度，在情绪上能感染对方，而且也能让对手有理由接受你的建议。

2.条件起点要高

最初提出来的要求，你要通过合理的语言，把自己一方的期待提得高一些。这样能给自己后面的让步留出回旋的余地。在经过一定的让步之后，你所处的地位一定会比低起点要好得多。

3.语式要坚定

确定了一个原则立场之后，在语言表述上要干脆利索，明确表示不会再让步。像“大概、可能、也许”之类的垃圾词语，尽量不要使用。

4.语气要真诚

谈判的语气要庄重而不能轻浮，要认真负责而不能花言巧语或者是信口开河。俗话说，“精诚所至，金石为开”，谈判桌上更是如此。

5.点面结合，各个击破

如果你正和一个代表团进行谈判，应该充分发挥你的活动能力，设法在谈判外的空间，说服对方中的一个人接受你的建议。此人若是被你说服了，那么他就会帮助你说服其他的人。

6.试探对手的心理底线

在做出决定之前，可以通过某个人或者某个可靠的渠道将你的意图间接传达给对手，或通过谈判的题外话，渐渐引入正题，题外话就是试探对手的心理底线。

7.出其不意，让对手猜不出你下一步的策略

前面讲过要善于倾听，倾听就是为了让自己捕捉说话时的精准见解。谈判就是要通过出人意料地改变语言表达方式，来破坏对手固守着的心理平衡，让他猜不出你下一步的策略。

8.指出“双赢”的接洽点

最好的谈判是两全其美。因此建议在两种立场中找到一个折中点，然后指出“双赢”的接洽点，就一般情况而言，最先提出这一建议的人，也是最能说服对方的人。

方式33 谈判时要掌握要领

关键词：沟通方式·谈判沟能·谈判要领

适用情境：在与对方谈判时，可运用此方式。

谈判，这种交涉手段是要互利互谅的。谁也不可能通过谈判而占尽所有的便宜。在谈判过程中，也许某个细节问题就会导致整个谈判的失败，会给你带来不可估量的损失。所以，谈判时要小心谨慎，才能达到最终的目的。

我们需要掌握的谈判要领主要有以下几个。

1.稳住情绪

人是有思想、有情感的。所谓“人非圣贤、人非草木”，就是说人都有感情和情绪。有了情感和情绪，就会有喜怒哀乐。但情感和情绪都是需要理性去自控。一个人如果不能控制好自己的情绪，就不能够管好自己的思想行为。在生活的交涉活动中，与别人进行谈判时，不论遇到什么变化，都不能使自己的情绪太低落，不能易怒、易躁、失意，因为这样既会伤害了对方，又会使谈判走向失败。谈判是一种很艰难的工作，如果谈判中带有负面的情绪，那么你的谈判词就不可能说服对方。

2.重在倾听

倾听不但可以挖掘事实的真相，还可以探索谈判对方的内在动机。只要你掌握了对方的动机，就能调整自己言谈中的应变策略。有以下几个方法值得注意：一是倾听的专注性。心理学家告诫我们说，常人听话及思考问题的速度要比讲话快4倍，所以，要把“听”放在首位，边听边认真思考与分析，然后再开口说话；二是“听话听声，锣鼓听音”。要认真分析对方话语中所暗示的用意和观点，以及他要从哪些方面来给你施加混乱；三是话语的隐蔽性。要特别注意对方的晦涩语言和模棱两可的语言，要记录下来，并和蔼地质询对方，再观察对方言谈中伴随的动作以作判断，也许，他只是故意用难懂的语言，转移你的视线与思路。

3.表达出要点

在谈判过程中，你要用自己的语言，准确地阐述自己的观点以及具体方案、方法、立场。在这里，你必须要注意几点：一是尽量使对方能够听懂你的叙述，少用专业语言，要用简明惯用的语言来解释、表达；二是谈判中，一般情况下不要谈或少谈与主题没有多大联系的事，不然会显得没有诚意；三是要叙述时，所说的内容要与资料相符合，切忌风马牛不相及，以免给对方造成乱说一气的感觉；四是在叙述中，要特别注意数字的表达，如价值、价格、兑换率、日期、增长率等，尽量不要用“大概、可能、也许”之类的多余词语，这一类词也称为垃圾词语。

4.要善于提问

谈判与演讲不同。演讲可以一个人在台上根据自己的意愿自始而终地说话。而谈判则是有问有答有商量的语言行为。因此，在谈判中，必须充实问话的形式。问话可以引导对方的思路方向，或引起对方的注意，控制谈判的方向。提问的方式一般有三种。

一是澄清式问话。如搞不清对方所说的话或此话模棱两可时，也可以用他所说的话，反问对方，如："您说情况有些变动，是指在什么范围内的变动？"以使对方重新作出解释，来满足你的语言反馈，以便你重新思考一遍他所说的内容。

二是引导性问话。如："如果我们能够满足您提出的这项要求，那么贵公司能否让出更大的利益呢？"之类提条件的方式，以吸引对方思考你的引导性语言，来探听对方的内心思想。

三是选择性问句。如："这份草签的合约，咱们是明天签还是后天再签？"这样，对方会被套入圈套中被迫产生选择意愿，并会给以明确的答复。

总之，问话方式有很多，所运用的语言要适合谈判进程中的气氛，要注意观察对方的内心世界，避免使用威胁或讽刺的语言。

5.说服对方的要领

在谈判中，为了使对方改变原有的想法、看法或打算，来甘愿接受你的意见与建议，你就要注意使用恰当的用语。

首先，你要向对方阐明，一旦他们接纳了你的意见，将会有什么样的利弊得失。一方面，给人感觉比较客观、现实；另一方面，如果接受了你的意见，真的有问题出现后，你可以说明这是事先已经讲明了的。

其次，要向对方讲明，为什么你要和他合作，并为何要来说服他，以示对他的尊重与善交，而不是其他每一个人都有这样机会的，使对方认真思考被选择的机会，从而在心理上形成接受你说服他的潜意识。

再次，应公开你的意见被采纳后，你自己所要得到的好处，以使对方免去神秘性和猜疑性，哪怕其中有些水分，也要表示出来。

最后，要以最具亲和力的语言，强调与对方立场的一致性。暗示合作后的双方共同获得的益处，给对方此次合作的信心。

方式34 了解谈判对象，把话说到对方心坎上

关键词：谈判沟通·说服对方·了解对方

适用情境：谈判中，想说服对方接受你的观点时，需运用此方式。

一个人观念的转变，认识的完善，是经过反复的思想斗争过程才能实现的。所以，在交涉中，你的说服工作不能急功近利，一蹴而就，你要有耐心、循序渐进地去说服他。最有效的循序渐进说服方法大体可分为以下三步。

第一步，要想让对方同意你的意见，你就要设法先了解对方的想法与凭据来源。

一位很优秀的管理者说："假如客户很会说话，那么我已有希望成功地说服对方，因对方已讲了七成话，而我们只要说三成话就够了！"

事实上，很多人为了要说服对方，就精神十足地拼命说，说完了七成，只留下三成让客户来做"反驳"。这样并不能顺利圆满地说服对方。所以，应尽量将原来说话的角色改变成听话的角色，这样就能了解对方的想法、意见，以及其想法的来源或凭据，这才是你说服他的有力保障。

第二步，先接受对方的想法。

如果当你感觉到对方仍对他原来的想法保持不舍的态度、反对你的新提议时，此时你采取的最好的办法，就是先接受他的想法，甚至先站在他的立场上发言："我也觉得过去的做法还是有可取之处的。"先接受对方的立场，说出对方想讲的话。为什么要这样做呢？因为当一个人的想法遭到别人的否决时，

很可能为了维持尊严或咽不下这口气，反而变得更倔强地坚持己见，排斥反对者的新建议。如此一来，成功说服别人的希望就不大了。

某家庭电器公司的推销员挨家挨户推销洗衣机。当他到一户人家里时，看见这户人家的女主人正在用洗衣机洗衣服，就忙说："哎呀！这台洗衣机太旧了，用旧洗衣机是很费时间的，太太，该换新的啦……"结果，这位女主人马上产生反感，驳斥道："你说什么啊！这台洗衣机很耐用的，到现在都没有故障，我才不换呢！"

过了几天，又有一名推销员来拜访。他说："这旧的洗衣机真令人怀念啊。因为很耐用，所以对太太有很大的帮助吧？"这位推销员先站在女主人的立场上说出她心里想说的话，使得这位女主人听后非常高兴，于是她说："是啊！你说的没错！我家这部洗衣机确实已经用了很久，是太旧了点，我还真想换台新的洗衣机呢！"于是推销员马上拿出自己推销的洗衣机的宣传小册子，提供给她做参考。

这种推销说服技巧，确实大有帮助，因为这位太太已被动摇而产生购买新洗衣机的决心。

善于观察与利用对方微妙心理，是帮助自己提出意见并说服别人的重要要素。

一般来说，在交涉中，被说服者之所以感到忧虑，主要是怕同意你的看法后，会发生意想不到的后果。至于令对方感到不安或忧虑的一些问题，你要事先想好解决之道，以及说明的方法，一旦对方提出问题时，就可以马上说明。如果你的准备不够充分，讲话模棱两可，反而会令人感到不安。所以，你应事先预想一个引起对方可能考虑的问题，此外，你还应准备充分的资料，这是相当重要的。

第三步，让对方充分了解说服的内容。

有时，在与人交涉时，你虽然有满腹的计划，但在向对方说明时，对方却无法完全了解其内容，所以，他很可能马上就加以否定。另外还有一种情形，就是对方不知我们在说什么，却已先采取了拒绝的态度，事先摆出一副不会被说服的模样；或者“高高在上”，根本就不听我们说话的也是大有人在的。如果遇到以上几种情形，你也不要放弃，一定要耐心地一项项按顺序加以说明。务求对方了解我们的真心实意，这是说服此种人必须先解决的问题。

如果对方依然不能完全了解我们说服的内容，你也千万不可意气用事。这时，你必须把自己新建议中的重要性及其优点，一下打入他的心中，让他确实明白是怎么回事。假如你前往说服别人，第一次没有被接受，千万不可说“讲也是白讲”、“真是浪费唇舌”这类的话。一次说不通就打了退堂鼓，这样是永远没有办法达到说服别人的目的的。

方式35 绕开谈判误区

关键词：谈判沟通·谈判误区·实现双赢

适用情境：要想在谈判中获得成功，谈判时需运用此方式。

在许多谈判交涉中，谈判的结局并不理想，究其原因，不仅在于言谈发挥得不尽如人意，更多的是太注重追求单一的结果，坚持固守自己的立场，总是想让自己的利益最大化，根本不去考虑对方的实际情况以及对方应得的利益，从而难以达到有效的交涉。

有经验的谈判专家认为，导致谈判者陷入谈判的低级误区，主要由于以下五个障碍。

1.对谈判过早地下结论

这种谈判者往往缺乏想象力和对事物的分析，把谈判当成了“下通牒”，尽管知道自己这样做会给对方带来利益上的伤害，也不愿放弃自己既有的立场。有的对谈判没有多大耐性，不愿意和对方进行过多的语言沟通，担心寻求更多的解决方案会泄露自己的信息,减低讨价还价的筹码。

2.只追求单一的结果

这种谈判者预先没有准备好多项的解决问题的方案,往往一味错误地认为,创造利益并不属于谈判中的一部分;谈判只是在双方的立场之间达成一个双方都能接受的点。以致于语言生硬,提出的条件既片面又缺乏可行性。

3.误认为一方所得,即另一方所失

有很多谈判者抱着非此即彼的态度,认为谈判实质上就是“零和效应”,给对方所做出的让步就是让己方受损失,所以没有必要再去寻求更多的解决方案。

4.谈判对手的问题始终该由他们自己去解决

许多谈判者认为,谈判就是要满足自己的利益需要,替对方想解决方案,似乎是违反了自己的利益原则。这就是对谈判“双赢”理念的误解而产生的盲区。成功的谈判,应该使得双方都有赢的感觉。双方都是赢家的谈判才能使以后的合作持续下去。

5.、律师出马

许多谈判者不愿意亲自出马,而是愿意叫自己的律师出马。这是很危险的。律师在谈判中的职责是从法律的角度上来计较得与失,千方百计地维护谈判者的利益。

以上这些障碍是提醒我们:要通过谈判解决方案,就要遵循“双赢”的原则。

方式36 让谈判在双赢中获得成功

关键词:沟通方式·谈判沟通·实现双赢

适用情境:当想在谈判中获得双赢时,可查用此方式。

下面的这些建议能够帮助你在商务谈判中达到双赢的效果。

在你与对方进行正式的谈判交涉之前：

1.考虑各种可能的解决方法，并逐一进行衡量。选择出最好的解决方法，这样即使你需要在理想的解决方案之上作出一定程度的让步，也能够满足自己的要求。

2.做好充分的准备。这样做会减少你在会谈中感到的压力，并且会使你感觉更加自信。

在开始进行谈判时：

1.确定双方的共同目标。即使谈判的问题非常复杂，你和你的同事也能够把精力集中在最终目标上，而不是企图刻意地去挫败对方。

2.明确谈判过程中双方都应遵守的基本守则。如果谈判可能会引起冲突以及感情失控，这种方法将是十分有效的。双方应该遵守下面这些规定：

(1)倾听对方的意见，不要打断对方的话；

(2)互相尊重。即使你们可能在某些观点上存在分歧，也应该做到尊重对方；

(3)灵活地处理次要问题；

(4)勇敢而坚定地说出你的要求，并使对方理解。

3.弄清楚对方的要求。如果你能满足他的要求，很可能他也会满足你的要求；如果你使他的愿望落了空，很可能他也会用同样的方式来对待你。倾听对方的谈话，弄清楚对方的要求是什么。专心去聆听，不要一味思考如何进行反驳。如果你不太清楚对方的意思，可以请对方再重复一遍，或者请对方做一下解释，以便能够更好地进行沟通。

在谈判过程中：

1.准确找到双方共同的基础，并在此基础之上解决其他问题。

2.区分问题的轻重程度，按照从主到次的顺序进行讨论。明确此次谈判需要讨论哪些问题，不讨论哪些问题。

3. 试着去理解对方的想法和感受。观察对方流露出来的非语言信息:他们的面部表情表达出了什么信息?当你要求对方承担责任时,他们流露出什么样的眼神?他们的姿势和手势又传达出了什么信息?

4. 避免争吵,尤其不要与对方在次要的问题上争吵。要做到自我克制,在小的事情上表示同意,这样你就会营造出一种合作的氛围,这对解决更加重要的问题是非常有利的。

5.不要采取带有挑衅性的举动。这些举动对谈判是非常不利的。下面是一些典型的具有挑衅意味的举动:

(1)比对方的说话声音大;

(2)专横地对待讨论的内容;

(3)运用手中的权力迫使对方服从。

6.不要表现出消极被动的情绪,消极情绪的显著特征包括:

(1)不愿意解决问题;

(2)不告诉对方你所关心的事情。

7.举止要果断。严肃地对待问题,但是要温和地对待他人。

8.不要责备他人,否则,你就会破坏了合作的气氛。

9.在拒绝对方的提议时,一定要说明你拒绝的原因。

10.要认识到过去的事情是不可能改变的,如果一味纠缠以前的事情,就会使对方产生敌对和排斥心理。

11.面向未来。不妨设想一下,如果双方都能达到满意,前景是多么的美好。

12.进行探究性的调查。向对方提出问题,并认真倾听。通过这种方式,你会发现对方的需要。当你设法满足对方的需要时,你也为实现自己的需要打下了基础。

13.使用积极肯定的身体语言。不要有以下几种不良姿态或行为:

(1)交叉着抱起双臂,或者跷二郎腿;

(2)转动眼球或眼神飘忽不定;

(3)使肌肉绷紧;

(4)面带愁容;

(5)提高说话的声音。

14.寻找创造性的解决途径,使双方都能达到满意的程度。当你能够做到下面这几项时,你就能够比较容易地实现这一目标:

(1)经常使用"如果……会怎么样?"的句式;

(2)不要使用"要不……要不"的句式。如果你将可选的方案限制在两种之内,就会减少其他创造性的解决方案;

(3)要把精力放在双方的共同利益上,不要急于陈述个人的观点。

15.如果你们之间的谈判脱离了正题,你要把话题转入谈判的主题。你可以这样说:"是的,我能理解。但是我们回到中心问题上来好吗?"

16.在问题刚一出现时就举行谈判会谈,这样,问题就不会累积起来,双方在讨论过程中也不会感到不堪重负。

17. 受到时间限制的一方一般会倾向于做出更大的让步。如果你受到了最后期限的约束,最好不要让对方知道这一点。

18.偶尔中断谈判,表达一下你的感受,同时弄清楚其他人的感受。如果他们表现出否定的情绪,你需要寻找办法克服他们的对抗情绪。这样,双方就能用更有建设性的态度来解决问题。

19.富于创造精神。实现目标的方法有很多种,富于创造性的观点会给双方都带来益处。刻板僵化容易造成冲突,也会减少潜在的创造性的解决问题的办法。

20.当双方的讨论变得含糊不清时,你可以进行简要的总结,说明你的理解。比如,你可以这样说:"我对这个问题就是这么理解的,它是……对吗?"

在结束谈判时:

1.在同对方愉快地达成一致意见时,不要再做进一步的让步。

2.让每个人都概要地说明自己的理解。这样，所有人都能够明确地知道所达成的协议。

3.把协议内容写成书面文件。这样，就不需要每个人都把协议的全部细节记在脑子里。

方式37 给对方的思绪施加压力

关键词：谈判沟通·谈判捷径·谈判思维

适用情境：谈判中，当对方处于两难选择时，需运用此方式。

我们每时每刻感受到的刺激是多种多样的。经过感觉处理后，依旧会有大量互相矛盾的信息困扰着我们的思维，造成压力。

现在我们要利用它为沟通服务。沟通技巧的运用最终是为了达到目的，也就是说要减轻压力。这里，我们不妨让困扰思维的压力搅昏对方的头脑，让他人处于判断的两难选择中。这样，他人为了减轻压力，会迅速认同你的选择，让你得以达到目的。

美国伦德公司经理罗基亚尼有一次对人说："在很多事情上，故意言语矛盾地下命令，可以很好地控制公司职员。"他经常上午下命令，下午又改动命令，让职员摸不着头脑，思维上压力巨大，重挫了职员的骄傲自满，继而做起事来就会唯命是从。但是，他也有被职员施加压力而放弃自己立场的时候。有一次，他要求某位职员加班，职员就做出一副马上要回家的样子，但却认真地工作。他看着那股热情的劲头，头脑立刻产生了混乱，只好让这位职员回了家。这是为什么呢？后来他说："你忍心让一个已经准备好要出场的球员热心地帮助边裁到处去拾球吗？他本来可以不加班的。"

这例子清楚地说明了这个技巧，就是故意自相矛盾，使他人感受到一定的思维压力，让别人对你的判断无法统一。当人感到混乱不堪时，很容易妥协，让人觉得你捉摸不透。

在生活中，来自感情压力最多，给感情施加压力也最容易。人脑袋里不舒服，可能还会靠思绪去理清乱麻，要是心里不舒服，就会茫然失措。给人心理施加压力，令其不安，可以让沟通的主动权牢牢掌握在自己手中。

女孩子们很懂得让对方感觉不安的技巧，所以她们约会时常常故意迟到，如此一来男朋友就会有一阵心绪不宁，再看到她突然出现，早已没有责备之心了。

在某些特殊场合，如果我们需要对人心理施加压力，就应该创造出施加压力的条件来。还可以营造出一些极端效果，达到施加压力的目的。比如激怒他人，或者把他人逗笑，或者让他人发愁等。

中断别人的思绪，是在给对方的思维施加压力。这种方法如同把一条沟渠突然挖断，改变水的流向，让水流到自己所期望的方向上来。他人很容易顺着你的思绪走，从而顺势达成自己的沟通目的。中断法是很容易找到时机的，因为人们很容易产生选择茫然的压力。比如在会议之中，当主持人正下结论时，你突然打断会议进程，提出自己的建议，你的建议就会更显突出。

方式38 谈判濒临破裂时给对方一点“甜头”

关键词：沟通方式·谈判沟通·濒临破裂

适用情境：当谈判濒临破裂时，需运用此方式。

人们往往对辛苦得来的东西总是备感珍惜，所以善于谈判的人开始“咬紧牙关”毫不松口，濒临破裂才给对方尝到一点“甜头”。

此计是两种策略的综合体，在谈判初期，锱铢必较，丝毫不让，犹如小气财神。而在谈判最后阶段，方案即将敲定时，却又突然让步不小。

在谈判中先用苛刻的条件使对方产生疑虑、压抑、无望等心态，然后逐步优惠或让步，使对方满意地签订合同，你便从中获得较大利益。

比如，买方想卖方在价格上多打些折扣，但同时也估计到如果自己不增加购买数量，卖方很难接受这个要求。于是，买方在价格、质量、包装、运输条件、交货期限、支付方式一系列条款上都提出了十分苛刻的要求，此所谓先给卖方一点“苦”头尝。来看一个例子：

甲方：“如果付现金的话，要减让多少钱呢？”

乙方：“那个嘛！因为分期付款要付利息，现金的话就不必了……”

甲方：“那是什么话呀！毕竟还是付现金来得好呀！你说不是吗？”

乙方：“是的，因为是付现金，所以只能减价1.5万元了。”

甲方：“什么？只减那么一点儿？那，跟分期付款没有什么不一样呀！”

乙方：“不是的，因为1.5万元之外还要加上3万元的利息，总计相差了4.5万元左右呢！”

甲方：“哎呀！我是用现金买卖的，再少一点吧！怎么样？再减少5 000元吧！”

乙方：“不要再谈下去了……不要再做这种‘还价’的事了。还是决定只减低1.5万元吧！”

甲方：“不要这么说，我是用现金！……2万元怎么样？……跟你们老总商量看看吧！”

乙方：“太勉强了，到时候会让我哭丧着脸领薪水的。”

甲方：“唉！我是永远无法得到意外利益的，那么就取中间数目1.75万元吧！”

乙方：“唔！没办法了，就如此决定吧！”

讨价还价的过程中，买方尽量让卖方感到在绝大多数交易项目上，买方都“忍痛”做了重大让步。这时，卖方鉴于买方的慷慨表现，在比较满意的情况下往往会同意买方在价格上多打些折扣的要求。之所以如此，重要的一条，就是卖方觉得在价格上做减让之前，已经从买方那里占了不少便宜。

在谈判中，不论遇到或采取哪种战术，首先要挑明的就是“合则两利，分则两害”的观点，谈判中以双方利益为着眼点切入谈判，如此才有助于双方都赢，大家同乐。所以运用先苦后甜计时，应注意先苦的条件不要过于苛刻，若分寸失当，会使对方觉得你缺乏诚意而使谈判中断。

方式39 对方提问，先思考再作答

关键词：谈判沟通·对方提问·回答技巧

适用情境：谈判过程中，对方提出问题时，需运用此方式。

谈判中回答问题，不是一件容易的事。因为，不但要根据对方的提问来回答，并且还要把问题尽可能地讲清楚，使提问者得到满意的答复。而且，你对自己回答的每一句话都负有责任，因为对方可以把你的回答理所当然地认为是一种承诺，这就给自己带来一定的精神负担和压力。因此，一个谈判者水平的高低在很大程度上取决于他回答别人提出的问题的水平如何。下面介绍几种回答的技巧，注意在实践中运用。

1928年5月间，周恩来夫妇乘日本轮船从天津到大连。谁知轮船刚靠大连码头，两名日本警察便把他们带到港口警察所。

日本警察带着狐疑的目光盯着周恩来，突然说：“你就是周恩来？”

对这个问题回答“是”或“不是”都容易引起警察的怀疑。周恩来夫妇镇定自若，而且好像根本没听明白警察的问题。

周恩来冷静地指着邓颖超说了一句：“她是个古玩商，并不是周恩来。”

日本警察一下子愣住了，不知如何继续进行下去，只得将他们放行。周恩来以其敏捷的思维、巧妙的应答，迷惑了敌人，保护了自己。

在实际的谈判中，为了巧妙应付忽视我方立场而强逼我方的对手，不要一开始就针对对方的话回答，因为对方已虎视眈眈地等待你的答案的漏洞，并准备展开攻击。此时最有效的方法就是在迂回中说："我不知道我的回答是否成为你问题中的答案，我将十分诚实地回答，但这种结果只有间接的关系。"从而为避免落入圈套而留下了广阔的空间。

项羽自称西楚霸王后，想杀掉刘邦，范增出了个主意："等刘邦上朝，大王就问他：'寡人封你到南郑去，你愿不愿意去？'如果他同意，就说明他意图养精蓄锐，有谋反之心，可以绑出去杀了；如果他说不愿意，您便以违抗王命为由杀了他。"

刘邦上朝后，项羽一拍几案，大声道："寡人封你到南郑去，你愿不愿意？"

刘邦的回答可谓巧妙之至，他说："臣食君禄，命悬于君。臣如陛下坐骑，鞭之则行，收辔则止，臣唯命是听。"

项羽一听，无可奈何，只好作罢。

刘邦在这里并不直接回答愿意不愿意，而采用了迂回式的回答，让项羽体会到其意，却又抓不住刘邦的把柄。这种回答技巧可以借鉴于谈判中。

为了做到事后不后悔，在回答对方的问题时，需要冷静一下，不要急于回答。下面的方法可以帮助你应对提问。

1.不要彻底回答所提的问题

答话者要将问话者所提的问题的范围缩小，或者在回答之前加以修饰和说明。比如，对方对某种产品的价格表示出关心，发问者就会直接询问这种产品的价格。如果很彻底地回答对方，把价钱一说了之，那么在进一步的谈判过程中，回答的一方可能就会比较被动了。

2.不要确切回答对方的提问

回答问题，要给自己留有一定的余地。回答时，不要过早地暴露你的实力。通常可用先说明一件类似的情况，再拉回正题的方法。或者，利用反问把重点转移。

3.降低与减少问话者追问的兴致和机会

问话者如果发现了答话者的漏洞，往往会刨根问底地追问下去。所以，回答问题时要特别注意不让对方抓住某一点继续发问。为了这样做，借口问题无法回答也是一种回避问题的方法。

4.让自己获得充分的时间思考

回答问题前必须谨慎，对问题要进行认真的思考，要做到这一点，就需要有充分的思考时间。

一般情况下，谈判者对问题答复得好坏与思考时间成正比。正因为如此，有些提问者会不断地催问，迫使你在对问题没有进行充分思考的情况下仓促回答。

这种情况下，作为答复者更要沉着，不必顾忌谈判对手的催问，而是转告对方你必须进行认真的思考因而需要时间。

5.有些问题不值得回答

谈判是语言的交流和碰撞，你需要回答对方提出的问题，才能使谈判持续下去，但并不要求对对方所提的每一个问题都必须回答，特别是对某些不值得回答的问题，可以礼貌地加以拒绝。

例如，对方提些与谈判主题无关的问题，你回答这种问题显然是浪费时间。或者，对方会有意提一些容易激怒你的问题，其用意在于使你失去自制力。不假思索地回答这种问题，只会损害自己，因此对这类问题可以一笑了之。

6.不轻易作答

有些谈判者会提出一些模棱两可或旁敲侧击的问题，意在以此摸清对方的底线。对于这一类问题，你更要清楚地了解对方的用意是什么。否则，轻易、随意作答，会陷自己于被动。

7.找借口拖延答复

有时可以用资料不全或需要请示等借口来拖延答复，但这并不意味着可以拒绝回答对方提出的问题。因此，对于难以下定论的问题，在回答之前，要找借口拖延时间，从而进一步思考如何来回答这个问题。

8.有时可以将错就错

谈判中，由于双方在表述与理解上不一致，会经常出现这种情况，即错误地理解对方讲话的意思。一般情况下，这会增加谈判双方信息交流与沟通上的困难，因而有必要予以更正、解析，但是，在特定情况下，这种错误理解能够为谈判中的某一方带来好处。因此，可以采取将错就错的策略，把“好处”捞过来。

方式40 向对方妥协，要有步骤地说

关键词：谈判沟通·向对方妥协·语言技巧

适用情境：谈判过程中，准备向对方妥协时，需运用此方式。

妥协不是放弃，是为了更好地得到。让的时候，话要说得好听，使对方感激于你的“让”，又不能一步让出很多，有步骤地妥协，才是谈判的高手。

有步骤地妥协，这种策略的方法是：先有计划地主动作出一个让步，以迫使对方也作出让你满意的让步，从而达到自己的目的。

第一步：在合理范围内，先提一个比较大的、极可能会被拒绝的请求。

第二步：在对方拒绝了这个请求之后，再提出一个小一些的、你真正感兴趣的请求。

注意：第二个请求不必很小，只要比前一个请求小就可以了，成功的关键在于让对方看到这是一种让步、妥协。

这个策略看似很简单，实际大有学问。不少人在谈判中常用的方法是利用一切手段给对方施加压力，以达成谈判目标。其实更好的方法是让对方产生责任感、义务感，自愿并且满意地接受你的方案。先有计划地妥协，以便使

对方让步，除了让对方产生“你敬我一尺，我还你一丈”互利互惠的心理外，还符合社会认知对比原理，效果十分惊人。

什么是社会认知对比原理呢？举例说：你去一个专业的服装店，如果服务员先跟你介绍一件价值7 000元的高档西装，然后再介绍价值500元的领带，你会觉得领带不是很贵，实际生活中你可能都没买过超过300元的领带，但今天你会心安理得地接受这个价位。

所以在达成协议的谈判过程中，如果在对方的要求下你终于放弃自己原来的立场，作出一些妥协和让步，对方会觉得更合理，然后会对方案产生更大的好感。

所以，运用有计划妥协策略的谈判者，不仅可能让对方答应自己的要求，还可以获得对达成协议的更高的满意度，使对方更加努力地履行自己的诺言，自愿在将来作出更多的承诺。

既然有计划妥协策略具有以上好处，在实际工作中又如何操作呢？

1.对谈判对手不要表现得太热心

不少人谈判时，一直以为对谈判对手表现出好感，有利于达成协议，大量调查表明，恰恰相反，你对人越表示好感，对方越怀疑你有利可图，于是他更谨慎，更觉得你有让步的空间。

2.你的第一反应应该是否定的

第一反应是否定的，一方面可以探探对方虚实，是否有让步的空间。另一方面，一旦决定接受对方条件，对方会更有成就感，这是典型的社会认知对比原理。而且，对方一满足就可能放松警惕，你就会更有机可乘，何乐而不为？

3.总是佯作准备停止谈判

这一条的前提是你了解对方的底线，你要做好前期的准备和调查，随时准备停止谈判。这只是为了让对方感觉到压力，并按你的要求答应条件而已，即使不答应，你一旦决定继续谈判，对方便会感到高兴，也就是你的妥协又得到了回报。

4.坚持到底,80%的收获来自最后的谈判部分

有了上面的操作方法,你更应该坚持自己的观点直到最后,因为即使让步了,不到最后时刻,对方还会要求你再妥协,如果你一再妥协,那你的妥协就没起到效果,因此有计划妥协策略最关键一点:妥协就产生回报,不要为妥协而妥协。

方式41 抢占先机,掌握主动

关键词:谈判沟通·挑战性谈判·抢占先机

适用情境:生意成交前,在与对方谈判时需运用此方式。

为了揽到一笔业务,商家常常花费很多精力,但为了将这笔生意做成,业务员要做大量艰苦而细致的工作。可以说成交前的工作是艰辛的极富挑战性的谈判,但是并非每笔生意都能成交,若不能成交,为此所付的努力将付诸东流,一切都要从另一笔生意的开始从头做起。

IMG集团公司创业时,业务局面开始打开,有一天终于约见了几个月来就想拜见的全美有名的席梦思床垫公司总裁格兰特·席梦思以及好几位副总裁,向他们推销IMG公司的服务,希望为这家床垫公司生产配套产品。

整个会谈进行得十分顺利,但是床垫公司仿佛仍然没有被说服下决心合作。如果错过这个机会,再找机会将这几位公司的巨头与IMG公司的董事们聚集在一起,那可能会是几个月以后甚至是更长时间以后的事了。

为此,IMG公司总经理麦克先生果断地向格兰特·席梦思先生提出了自己的想法:

“我们刚才非常荣幸地向各位介绍了本公司能为贵公司提供的配套服务,对于双方今后的合作计划、前景也得到了各位一致的赞同,这项合作计划对我们双方都将是有利可图的;但是,如果我们一离开这个房间,这项业务或许就会被贵公司暂时搁置一旁,因为贵公司的业务实在是太多了;但我们公司已经为此等待了四个月的时间。

既然我们都认为这是一个可行的合作项目,何不趁格兰特先生和几位副总在场把合作协议签了,为我们的初次合作画上一个圆满的句号呢?希望能原谅我的冒昧请求。"

当然,结果是非常令人满意的,格兰特·席梦思先生从沙发上站了起来,握住了麦克先生的手,说:"好。"合作协议就这样签订了。

当麦克回到公司将结果告诉同仁时,他们都感到难以置信,不到一个上午就大功告成。但结果正是如此,只要抓住机会,直截了当地谈,照样能拿下订单,成功的过程就是这样简单。

直截了当地说明白,有时运用幽默的语言,效果会更好。来看一位乘客在一家美国航空公司售票处的经历。

这些年,美国航空公司之间竞争激烈,机票竞相减价。一次,一位乘客要买机票去旧金山,走进了西部航空公司的售票厅,对售票小姐说:"我要两张旧金山的机票。"

"好的。不过,先生,这种机票有多种优惠价格,不知您适合哪一种?"小姐答道。

"哦,优惠?"这位乘客漫不经心地说:"我早听说过,可不知道能有些什么优惠?"

"您如果在星期一至星期五之间乘飞机,并且保证在盐湖城(美国西部城市,那里有不抽烟、不喝酒等许多戒律)上空不吸烟的话,我们可以给您优惠价格。"

"我从不吸烟,能给多少优惠?"

"你是美国印第安人吗?"

"不是。你问这干吗?"

“那太遗憾了，先生，因为如果您是印第安人并在清晨4点起程，又在次日清晨返回的话，我们可以给您30%的减价优待，但现在只能是8%了。”

“哎，我的上帝，请问你们还有其他优惠条件吗？”

“嗯，如果您已经结婚50年以上没有离婚，并且是去参加您的结婚纪念活动的话，我们给您减价20%。”

“这对我不合适，还有吗？”

“如果您是个神经外科大夫，为了给病人做手术来买往返机票，您可以得到10%的减价优待。”

“我在政府机构做事，你们没有什么像我这种人可以享受的优惠吗？”

“有的，这里有一种票，如果您是一个国家的驻外使馆人员，那可以给予15%的优惠。”

“那我又错过了，我正和我太太一起旅行。”

“哎呀，先生您怎么不早说呢？您太太不到60岁吧？如果她不到60岁，且你们又不赶在周末旅行，那可以享受20%的优惠价。”

“可我们非得在周末才有空呀？”

“嗯，别灰心，请问您和您夫人中有当学生的吗？如果你们有上大学的，且又在星期五（星期五在美国虽属周末，却又因耶稣在星期五遇难而被视为不祥的日子）乘飞机，我们可给你们45%的减价优惠。”

“我的天，差不多便宜一半啊！可惜我已早两年念完大学了。这样吧，小姐，您还是给我那8%的优惠吧，谢谢您介绍。”

你看，面对如此名目繁多而又富有幽默色彩的优惠条件，这位乘客最后虽没得到多少优惠，却也心满意足地买下了机票，不用说，只要有机会，他还会多多光顾这家航空公司。

以上是商品经营者与顾客的关系处于“和平”阶段进行的情况。当由于种种原因，这一关系处于“战争”或“冲突”阶段时，直截了当地、幽默地说明白就更显得“魔法无边”了。

比如，有时候，由于商品经营者的过失，使顾客的利益遭受损害，导致顾客的强烈不满，这要怎么挽回呢？当问题发生在公司与客户之间时，直截了当地讲明白也能发挥调解的作用。

无论是谈判，还是处理问题，针对有些对象和事情，绝不能拖泥带水。

第六章

说服沟通

世上没有解不开的“结”

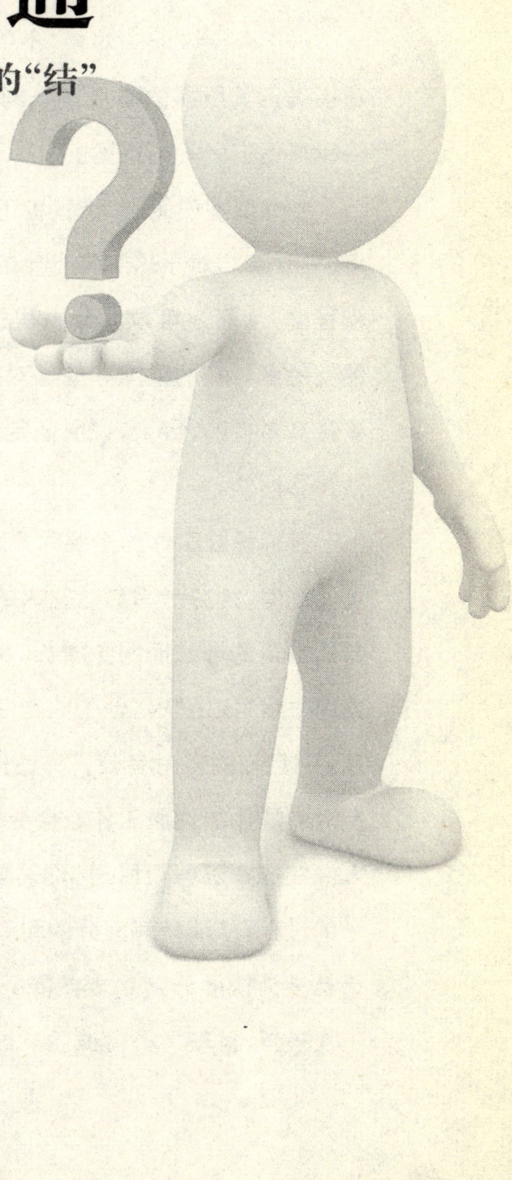

有人说得好，说服他人不是敲击铜铃，而是敲击人们的“心铃”。因此，说服者应该找准说服他人的切入点，去敲击被说服者的“心铃”，刺激之、振奋之、感化之、慰藉之、激励之。

方式 42 说服之前先明确对方的态度

关键词：沟通方式·说服沟通·说服前

适用情境：要说服他人前，需运用此方式。

对于有待说服的对象，不管是 1 个人还是 100 个人，在进行说服之前，你都应确定其所持的态度，估计其所处的立场，由此估算出相对于你所要求的目标与他们之间的距离。

当你试图说服别人时，你的说服对象可能有三种类型，就是支持者、反对者、中立者。对于这三种可能的态度，如果再区分一下，还需了解其态度的强烈程度，从而还可以区分出积极、坚定的支持者与勉强、消极的支持者；坚定的反对者与脆弱或温和的反对者；有所偏向的中立者。这种区分是非常有必要认真对待的，因为，说服坚定的反对者与说服温和的反对者，用的方式与方法是不同的。

我们说服工作的主要对象是中立者与反对者。在识别出他人持有哪种态度的同时，还应考虑到这些人的人数，因为，说服的复杂性将因有待说服的对象的数量的增长而同步增长。尤其当这些人构成了可以被视为反对者“群体”或中立者“集团”时，他们内部之间就会因一种连带关系诱导出一种相互的服从。一旦你的反对者公开陈述他的立场，并说服其他人也支持他的观点，这种反对者群体的说服工作就会变得极其艰难。

在准备进行说服时，你需要做好计划，提前预想到说服工作将是一个漫长的过程，从而持有充分的耐心。我们都知道《三国演义》中七擒孟获的故事，诸葛亮为说服云南边族归降蜀汉政权，六次将俘获的酋长孟获放走，直到第七次被俘，孟获才心悦诚服。这个故事表明了一个统帅的信心与耐心。

管理学家弗兰克·K·索伦伯格在他的《凭良心管理》一书中，对企业成员对待自己工作及本企业的态度作了仔细分析，他认为，企业成员在最低限度上可能持一种漠然的态度，在最高境界上则会具有一种奉献精神。而从漠然到奉献式的投入又会经过下述几个阶段。

①漠然的态度。这些人坐在办公室里看报纸，喝茶，坐等下班，永远也提不出什么建议或自告奋勇地去做什么事情。他们接受工作分配，记下最后期限，没有什么别的反应，永远是一副无精打采的样子。这种消极的情绪还具有传染性。

②满腹牢骚的态度。这些人没有达到他们的要求和期望，但仍抱有一丝希望，于是便想通过发发牢骚来改变现状。与他们交谈并保持倾听的态度，你就会发现是什么事情在使他们烦恼。如果你无视他们发出的信号，他们就会变得漠然处之。

③顺从的态度。这些人在自己的岗位上仅仅满足于自己应尽的职责，他们不愿做任何与众不同的事，只是安于现状。

④有明确目标的态度。卓有成效的企业管理制度使这些人心情愉快，全心全意地投入工作，对现状满意乐观，对未来充满希望。在这一阶段，与其说是为企业的成功而工作还不如说是对个人的成功感兴趣。如果有其他的企业能提供更好的机会，他们就有可能跳槽。

⑤忠诚的态度。工作对这些人来说是一种乐趣，他们相信自己在做着有意义的贡献，也相信自己得到了公平的待遇与报酬。他们更关心集体，很少考虑个人。但是，忠诚不一定总能激发创造性、使人能进行独立思维，也并不意味着主人翁精神。

⑥奉献的态度。这些人深受企业价值观的影响，因此能不断为企业的成长寻找新的方法。他们的激情、热诚、主人翁精神对其他的员工有很大的感召力。

奉献的态度将使人的能力与才华不断地提高起来。持续而有效的说服过程，就在于实现组织成员们从漠然处之的态度向积极奉献的主人翁态度的逐步过渡，从而最终使每一个组织成员都具有奉献精神。卓越的组织是由卓越的人组成的，卓越的人不仅仅是能力、才华上的优异者，而且更是一种精神上的卓越，一种追求卓越的精神。

方式43 用真诚的态度和话语打动对方

关键词：沟通方式·说服沟通·说服语言

适用情境：在说服对方时，需运用此方式。

由于说话态度不同，语言既可以成为建立和谐人际关系的强有力的工具，也可以成为刺伤别人的利刃。在说服对方时，用真诚的态度，会招人喜欢，易于被人接纳。入情入理的话，一方面显示说服者坦诚的态度；另一方面又尊重对方并为对方着想。这样无论在交易原则上，还是在人的情感上都进行了沟通，达成了共识，促使合作成功。

松下电器公司还是一家乡下小工厂时，作为公司领导，松下幸之助总是亲自出马推销产品。在碰到杀价高手时，他就说："我的工厂是家小厂。炎炎夏日，工人在炽热的铁板上加工制作产品。大家汗流浃背，还努力工作，好不容易制出了产品，依照正常利润的计算方法，应当是每件××元承购。"

对手一直盯着他的脸，听他叙述。听完之后，展颜一笑说："哎呀，我可服你了，卖方在讨价还价的时候，总会说出种种不同的话，但是你说得很不一样，句句都在情理之中。好吧，我就照你说的价钱买下来好了。"

松下幸之助的成功，首先在于他真诚的说话态度。他强调自己是依照正常的利润计算方法确定价格的，自己并无贪图非分之财之意，同时也暗示对方无讨价还价的余地。这就使对方调整角度，与其达成共识。

当我们与人交谈时,必须秉持着一颗"至诚的心",不要流于巧言令色、油嘴滑舌之辈,并根据时间、场所和对象的不同,而将自己最好的一面通过"说话"表达出来,如此才能建立良好的人际关系,使自己融入群体之中。

费城的奈佛先生,多年来一直想把燃料卖给一家大连锁店,但是这家连锁店一直向外地购买,运货的路线正是从奈佛先生办公室的门口经过。奈佛先生晚上就在卡耐基的课堂上演讲,并且大骂这家连锁店。

卡耐基建议他改变战略。首先,他们准备在课堂上举行一次辩论会,主题就是连锁店的广布,对国家害多益少。于是卡耐基建议奈佛先生加入反方,他同意了。由于要为连锁店辩护,奈佛便前去拜访一位他原本瞧不起的连锁店经理,告诉他"我不是来推销燃料的,我是来找你们帮个忙。"他把来意说清后,并特别强调:"我来找你,是因为我想不出还有其他人更能提供给我事实。我很希望能赢得这场辩论,无论你提供什么给我,我都十分感激。"

奈佛原先要求这位经理只拨出一点时间,所以对方才同意见他。当奈佛把事实说出之后,经理指着一张椅子要奈佛坐下,并且整整用了一个多钟头的时间。经理请来另一位主管,这位先生写过一本有关连锁店的专论。他觉得连锁店提供了最真实的服务,他也以自己能够为许多社区服务为荣。当他侃侃而谈的时候,两眼发亮,奈佛也不得不承认对方的确让他明白了许多意想不到的事,改变了他整个心态。

罗马诗人帕利里亚斯·赛洛斯说过:"当别人真诚地对待我们的时候,我们也要真诚地对待他们。"真正站在对方的立场上,为对方着想,并全面分析双方的利弊得失,说话真诚,语气亲切随和,不卑不亢,入情入理,这是成功打动对方的绝窍所在。

方式44 借助最好的说服力

关键词:沟通方式·说服沟通·说服力

适用情境:当对方情绪非常激动时,需运用此方式。

当我们面对与自己持不同意见的人时,一种自然的心理反应就是,试图通过争论赢得对方。我们之所以会有这种反应,是因为面对不同意见,自己感到受到了一种威胁与伤害,自尊乃至尊严也被冒犯。我们就会变得激动、声高、言辞偏激、好斗。如果将这种情绪化的反应扔给对方且对方也不是"吃素"的,那么就会一报还一报,一场火药味十足的激烈场面便不可避免。

与和自己意见不同的人针锋相对地争论一番,使对方就范,接受自己的看法,这并非是一种明智的选择。美国纽约大学演讲系教授阿尔文·C·巴斯和理查德·C·博登用了7年时间,亲自聆听了上千次的各种人之间的实际争论,通过研究,他们得出了有趣的结论:那些职业政治家、联合国的代表很少能说服对方,他们取胜的机会远远少于商店的店员和公司的职员;政治家们总是站在自己的立场上力图击败对方,而职员及商店的店员则力图说服对方或顾客转变自己的看法。也就是说,政治家们更多的是进行一场零结局的争吵,而职员们通常是进行一种双赢的说服交涉。

说服与争执、争论、争吵的不同之处,在于说服不是斗争性、对抗性的。在试图说服那些与自己意见不一致的人时,我们不是把他们当做对手或敌人,而要当做平等的伙伴。说服不是为了让他们言听计从,而是为了让他们接受那些对他们有益却因为种种原因还没能理解的东西。说服是一种和平的事业,即使取胜的一方也要和"失败"的一方和平相处。一旦考虑到这种"和平共处"的价值,在语言上战胜对方就绝非上策了。

说服或真正的说服力,就是形成被说服者的内在服从效应。它与借助权力的威胁不同之处在于，说服者认为自己与被说服者是平等的，被说服者有具有某种观点、看法、态度及采取某种行为方式的自由。与交换和魅力所形成的确认式服从不同，在形成内在式服从的过程中，说服者也许根本没有什么魅力或利益上的吸引力，被说服者之所以服从，并不是因为说服者的缘故，而是认同说服者提供的信息，起到修正或者改变被说服者的感知方式、理解及解释方式的作用，从而使内在化服从者最终对身边的事物采取了一种新的反应及行为方式。

最好的说服力，大致可分为以下几种。

一、利用示范制造效果

示范就是一种表演，是最容易引起被说服者注意力的方式。例如我们说抽烟有害，除了引用统计数字外，再拿出一张薄薄的卫生纸，然后对着卫生纸吹一口烟气，留下了淡淡的印子。然后抬头告诉大家，也许一口烟看起来没有什么影响，但是，如果朝卫生纸吹上几千口烟气，沾满烟油的卫生纸就会变黑。我们的肺就像这张卫生纸，如果长年累月地抽烟，我们的肺不知道会变成什么可怕的模样。通过这个动作的示范，要比你只是用描述的方式，更让人感受到吸烟的危害。

二、提出好的比喻

有一位卡耐基训练班的学员要在课堂上介绍自己的行业。他的工作和计算机的数据库有关，于是他就用了一个比喻让别人了解了他的工作。他说："我的工作，就像是所谓的智库。"原来，他所做的这套计算机数据库，类似智库，特别是需要申请专利的人，可以透过这套系统获得更多的帮助。相信很多人在作演讲或简报时，所讲的题材可能比较专业，台下的人不见得完全都听得懂或看得懂，那么该怎么把事情表达清楚呢？比喻，就是一种很好的方式。有一位 IBM 的工作人员向别人介绍她的工作时，她把铅笔、杯子、橡皮擦和订书机都放在杯子里，再解释她所做的行业就是为客户提供完整而稳定的系统服务，可以把很多数据放在系统中，而不会错乱，就像在杯子中可以摆进各种文具一样。你看，这是不是简单易懂得多了呢？

三、引用专家证言

我们看电视广告时，常常会看到请名人代言的情况，因为名人在社会上有良好的名声和信誉，大家也比较容易信任他们说的话。当我们在做演讲或说服别人时，也可以“请名人代言”，其实就是用名人说过的话来左证我们的理念。比如，我们要强调卡耐基课程的训练效果，我们就可以引用南山人寿郭文德董事长所说的话，他说，他在大学时受过卡耐基课程的训练，从此觉得自己的成熟度是同龄人的10倍。在投信界很有名的宋文琪，她的儿子就读建国中学时，她曾经为他报名参加卡耐基课程培训，因为宋文琪自己上过课，觉得效果很好。可是儿子不想上，就请老师打电话给妈妈，劝她不要坚持让儿子上卡耐基训练。结果宋文琪的回答是：“你是他的老师，别的事情我都听你，我是他的母亲，我知道他该不该上卡耐基训练，这个你要听我的。”显然，宋文琪的这几句话就很有说服力，而且并不显得是在卖弄知识。

四、秀出展示品

所谓“眼见为凭”，如果能在说服别人时或在演讲现场，准备一些相关的道具，就会给你的演讲内容增添说服力。例如，在演讲台上，演讲人讲了一个有关砍树的故事：甲和乙两个年轻人比赛砍树，两边伐木声不绝。甲埋着头一直砍，过一阵子，他听到乙的砍树声停下来了，心想：“这家伙真是偷懒。”他还是不休息，继续努力砍。没多久，又传出乙的砍树声。一路比赛下来，甲一直没有停顿，很卖力的砍树，乙则砍砍停停。于是甲猜想，乙大概是停下来喝咖啡、吃东西，以乙的进度，甲相信自己应该是稳操胜算。比赛结束，结果甲砍了20棵树，乙砍了60棵树。甲很惊讶地说：“我一直没有休息，以为自己赢定了，怎么你砍的数目那么多呢？”原来，乙每次停下来，都是在磨利斧头。当时，演讲人拿出一把斧头，替这个砍树的故事增添了说服力。所以，在说服别人时，我们完全可以带一些增添说服效果的小东西。如，当你谈到自己最有成就感的事，就是小时候拿到了作文比赛第一名，如果你一边说，一边拿出当年第一名的奖状来，对于你所说的话，就有加分的效果。

除了我们上面提到的四点之外，热诚也是决定你的说服是否精彩、是否能打动人的最重要的因素。当你对自己所说的每一句话，都充满了认同感，而且迫不及待想和别人分享，你的说服力就开始有成效了。

方式45 说服要循序渐进，不可急于求成

关键词：说服沟通·转变观念·循序渐进

适用情境：当要说服他人转变观念时，可运用此方式。

一个人观念的转变，认识的完善，是经过反复的思想斗争过程才能实现的。所以，在交涉中，你的说服工作不能急功近利，一蹴而就，你要有耐心、循序渐进地去说服他。最有效的循序渐进说服方法大体可分为以下三步：

第一步，要想让对方同意你的意见，你就要设法先了解对方的想法与凭据来源。

第二步，先接受对方的想法。

如果当你感觉到对方仍对他原来的想法保持不舍的态度、反对你的新提议时，此时你采取的最好的办法，就是先接受他的想法，甚至先站在他的立场上发言："我也觉得过去的做法还是有可取之处的。"先接受对方的立场，说出对方想讲的话。为什么要这样做呢？因为当一个人的想法遭到别人一无是处的否决时，很可能为了维持尊严或咽不下这口气，反而变得更倔犟地坚持己见，排斥反对者的新建议。如此一来，成功说服别人的希望就不大了。

我们要说服别人，首先必须透彻地了解别人的意见，不要只说自己的理由。自己的理由，当然是要说的，而且说得越明白越透彻越好。但是，同时也要注意到：倘若我们只说自己的理由，无论说得多么清楚明白，不一定能说服和我

们意见相反的人。因此，在说服对方之前，要先了解对方的意见，然后有针对性地、循序渐近地说服对方改变其观点。

善于观察与利用对方微妙心理，是帮助自己提出意见并说服别人的重要要素。

一般来说，在交涉中，被说服者之所以感到忧虑，主要是怕同意你的看法后，会发生意想不到的后果。至于令对方感到不安或忧虑的一些问题，你要事先想好解决之道，以及说明的方法，一旦对方提出问题时，就可以马上说明。如果你的准备不够充分，讲话模棱两可，反而会令人感到不安。所以，你应事先预想一个引起对方可能考虑的问题，此外，你还应准备充分的资料，这是相当重要的。

第三步，让对方充分了解说服的内容。

有时，在与人交涉时，你虽然有满腹的计划，但在向对方说明时，对方却无法完全了解其内容，所以，他很可能马上就加以否定。另外还有一种情形，就是对方不知我们在说什么，却已先采取了拒绝的态度，事先摆出一副不会被说服的模样；或者“高高在上”，根本就不听我们说话的也是大有人在的。如果遇到以上几种情形，你也不要放弃，一定要耐心地一项项按顺序加以说明。务求对方了解我们的真心实意，这是说服此种人必须先解决的问题。

如果对方依然不能完全了解我们说服的内容，你也千万不可意气用事。这时，你必须把自己新建议中的重要性及其优点，一下打入他的心中，让他确实明白是怎么回事。假如你前往说服别人，第一次没有被接受，千万不可说“讲也是白讲”、“真是浪费唇舌”这类的话。一次说不通就打了退堂鼓，这样是永远没有办法达到说服别人的目的的。

第七章

针对沟通

遇什么问题说什么话

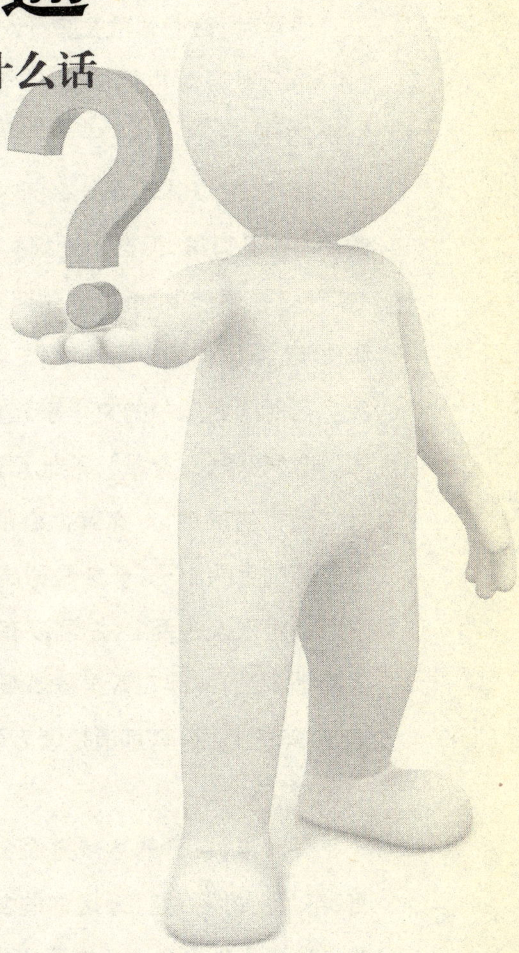

被他人否定、借钱不还、被人指责……这些都是你生活会遇到的问题，这时靠争吵是解决不了问题的，也难登大雅之堂，关键要沟通。其实，有些事情过了就淡了，因此，无论遇到什么问题，都要坦然的去面对，兵来将挡，水来土掩灵活应对。

方式46 遭遇他人否定时要客观认识自我

关键词：沟通方式·被人否定·认识自我

适用情境：当遭遇他人的否定时，可运用此方式。

西晋时，赋载体的文章十分盛行。汉代文学家班固的《两都赋》、张衡的《两京赋》就是其中的精品，而西晋文学家左思的《三都赋》更是造成了“洛阳纸贵”的局面。

其实，左思并不是什么天才，《三都赋》的成名也不是一开始就被人看好的。他貌丑口讷，但自小爱好文赋。他常常诵读班固的《两都赋》和张衡的《二京赋》。在颂读中，他感到这两篇赋虽然文字典雅、气魄宏大，但藻饰过甚、夸张失实，所以他就想写一篇《三都赋》。谁知消息传出以后，却遭到了别人的讥笑。当时闻名遐尔的文学家陆机在写给其弟陆云的信中说：这里有个粗鄙之人，居然想作《三都赋》，等他写好了，拿来盖酒坛子吧！

陆机的讥笑，对充满信心的左思来说无疑是沉重的一击，毕竟一个是初出茅庐的毛头小子，一个是德高望重的著名人士。

面对别人的否定，左思没有退缩。他专门拜访专家，又到蜀都、吴都、魏都去实地调查，继续在家里挂满纸笔，以备有灵感来时随时写下，为此他耗费了近10年的心血。真可谓是读万卷书，行万里路。最终，流传千古的《三都赋》大功告成了！

有时候，自己的某一方面会得不到别人的肯定与认可，那么对方就会用言辞对你加以否定，无疑你的自信心将会大受打击，对交际热情也会大打折扣。甚至还会有意避免与否定你的人打交道。生活中，这样的情形并不少见。

那么，在与人交涉的过程中，当你遭遇他人的否定时，该怎么办才好呢？

一、重新审视一下自我

别人的否定，我们要引起重视，因为别人的否定肯定是有原因的。我们要以此为契机重新审视一下自我，更清醒、更正确地认识自我。

有一位文学爱好者，一心想当一名作家，立志创作出惊世之作。当他把自己很满意的“大作”送到一位著名作家的案前，并说明自己的志向时，那位作家觉得他缺乏写作天赋，劝他还是放弃这个志向，做点儿别的事。但是青年执意要走这条路。其实，作家对青年的劝告是正确的，青年应重新给自己定一下位。结果不幸被作家言中，青年虽然付出了很多努力，但并没有如愿。如果当初他能听从作家的劝告，找准自己的人生坐标，或许就不会一事无成。

二、让他人重新审视你

每个人都有看走眼的时候，而且其在看走眼时往往还很自负。所以，如果你认定自己是正确的，就应该用诚心和智慧让对方重新审视你，给你一个全新的评价。

唐代诗人韩愈很早就习得一手好古文。24岁时，他参加科举考试，主考人是当朝宰相陆蛰。试题是《不迁怒不贰过论》，即自己不高兴，也不要在别人身上发泄；做错的事，不要再犯第二次。韩愈看了试题后，构思成熟，一气呵成，写了一篇自己很得意的文章。可是没想到陆蛰并不赞赏。韩愈名落孙山。第二年京城会考进士，韩愈又去参加。试题与去年的一样，韩愈就把去年写的那一篇，一字不漏地又写在试卷上。这一年的主考官还是陆蛰，他觉得此文章似曾相识，于是连读两遍，这才发现文章之妙，禁不住称赞道：“好文章！”结果韩愈金榜题名。

三、透视他人的“否定”

每个人都有判断失误的时候。所以，有必要对他人的“否定”做一下透视，认清其实质：一是看看别人的“否定”是否是平庸之见；二是不要迷信权威的评判。有些人不相信小人物中有能人；有的人缺乏识人的慧眼；有的人品德并不高尚……所以，当别人否定你时，不必妄自菲薄，认清形势，认清自我是最重要的。

四、激起斗志，发奋图强

权威的否定会对你形成打击，但你不要就此消沉，把他人对你的否定化为一种动力，积极向上，相信必有所成。

如文章开头的事例，左思遭到陆机的否定，并引来一片讥笑声，面临着极大的压力。但写《三都赋》是他深思熟虑的决定和热切的愿望，所以他没有因此而泄气，反而发奋图强，认真收集资料，精心准备，花了整整10年工夫，终于完成了扬名天下的《三都赋》。

方式47 看不惯他人言行时以不伤和气为主

关键词：沟通方式·看不惯他人·巧妙劝导

适用情境：与人相处，当你看不惯他人的言行时，可运用此方式。

生活中，对于他人的言论或行动，自己常会有不同的看法。当然，我们不会平白无故地看不惯他人。我们看不惯他人的言行时，一般都是在他做错了事而不知改的时候。如何通过沟通，运用得体的语言，采用适当的方式，表明自己的意见，并使别人心悦诚服，乐于接受，这是一门学问。

一、把握时机

对于别人失当的言行，劝说应把握时机。在“小猫钓鱼”的故事中，一只老猫领着小猫去钓鱼，老猫稳坐垂钓，小猫却一会儿去捉蝴蝶，一会儿去捉蜻蜓。结果，老猫钓到了大鱼，而小猫一无所获。这时，老猫告诉小猫，做事要有耐心，不可三心二意，小猫听后如梦方醒。

其实，这只老猫是很懂得交涉艺术的。它没在小猫不专心钓鱼时棒喝一声，断然制止，而是在其历经挫折之后再行劝说，因势利导，因而收到了事半功倍的效果。

一位业余文学爱好者，参加市里组织的征文比赛，获得了好名次，回到单位得到诸多祝贺，他兴奋不已，自以为颇具天赋，拿出几百元钱来请客畅饮。他的一位好友看到他这副“得意忘形”的模样，碍于当即指出会扫了大家的兴，他也难以接受，便没直言。事后这位朋友告诉他：“值得庆贺的是你过去的韧劲，不是已经取得的成果。不要有点成绩就骄傲，以后还要继续深造，多下工夫。”这个青年听后先是一愣，接着就有所省悟。后来他一直没有忘记好友适时的劝说。

二、反话正说

古代有则故事《乐妻劝婆》，其内容是：有个名叫乐羊子的读书人，家境贫穷。他外出求学，7 年未归。家里的老母和妻子相依为命，艰难度日。有一天，乐母实在嘴馋了，竟然偷杀了邻居家的一只鸡。乐妻知道以后，非常生气，可是又不便直接批评婆婆。于是，待到婆婆端上来香喷喷的鸡肉准备吃饭时，她却不动筷子。乐母忙问其故，乐妻低着头伤心地回答：“儿媳无能，没有侍候好婆婆，使得饭桌上有了不是自家的鸡。”说着，泪如雨下，婆婆听后羞愧不已，意识到是自己做错了。

乐妻反话正说，以退为进，促使婆婆省悟。她的劝戒方式，实在是耐人寻味，也很容易让人接受。

良药苦口，固然有利于病，但因其苦，人们服用总要皱眉。如若裹以糖衣，制成胶囊，服而不觉其苦，人们也会乐于接受，药效还照样不减。一般地说，人们大都喜欢好听的话，很难接受别人的批评和指责，即便是在自己做错的时候也是如此。居家邻里，朋友同事，难免会出现一些磕磕碰碰，有时也会闹点不愉快，即使别人说了错话，做了错事，如果批评太直，不讲方式，别人就会难以接受，有时还会伤了感情，激起矛盾，弄得以后不好相处。

老李是某小区木工室的师傅。星期天，他到邻居家打牌，发现邻居家桌上有一盒卷尺。他想，邻居家怎么会有这种东西？而木工室正少了一盒，是不是前天他们帮着木工室搬迁，趁人不备拿回家来的？是向邻居问个究竟，还是装作视而不见？他正在思忖，邻居看出了蹊跷，面部表情立刻显得很不自然起来。而邻居的不自然神情，正印证了他先前的猜测。略一沉思，老李笑着对邻居说："原来这盒卷尺被你们找到了！前天有人去木工室向我借用，我找了半天也没找到，想必是在木工室搬迁时疏忽杂乱，弄丢了，不想被你们找到了，太谢谢你了！"几句话，说得邻居点头含笑："是啊是啊，我正要送去木工室呢。你来了，正好，等会走时顺便拿走吧！"原先近乎凝固了的空气一下子变得流畅起来，屋内一片欢声笑语。

三、易心而度

一般人对于自己的缺点错误，限于思维定势，有时自己是难以认识到的。如果使他们跳出所处的环境，从另一角度来重新审视自己的行为，往往就会恍然大悟。

有的时候，要说服他人不能仅仅依赖于简单地陈述利弊，巧妙地让被说服者易心而度，会更有成效。

方式48 调解他人之间矛盾时首先要取得双方的信赖

关键词：沟通方式·调解矛盾·取得信赖

适用情境：当他人之间发生冲突和纠纷，需要你出面调解时，可运用此方式。

在生活中，人与人交涉时难免会有摩擦和矛盾，如果摩擦和矛盾发展激化到一定程度，吵架就再所难免了。这时，你如果在旁边加以合理的劝解，往往就会使矛盾迎刃而解，不仅如此，你还会在他人心中留下良好的印象，有矛盾的双方也会感谢你的劝说。

面对激愤的吵架者，怎样劝架才有效，是要讲究点艺术的。在劝架过程中要做到以下几点。

一、了解原因，弄清实质

劝架，就要了解情况，不能盲目地劝架，讲不到点子上，不但起不到应有的效果，反而会引起当事人的反感。他们甚至会很不友好地对你说："你不了解情况，瞎说什么？"如果你先侧耳细听，弄清情况再讲话，效果就会好很多了。要先了解吵架的原因，弄清楚冲突的实质。如果比较复杂时，应该从正面、侧面尽可能详尽地把情况摸清，力求把话说到点子上，说进当事人的心里去。还要分清主次，劝架不能平均使用力量，对措辞激烈、吵得过分的一方要重点做工作，这样才比较容易平息纠纷。

比如，楼上的住户浇花时，水滴到楼下住户晾的被子上，两家人因此发生了冲突。这很可能只是表面现象，而实质却在于两家身为同事的男主人，在单位里因某件事产生了矛盾，而这矛盾一直没能消除，在此时借题发挥地再次爆发了出来。

如果你仅就浇花时洒下的几滴水来进行调解，显然是不能达到目的的。调解人必须弄清冲突的实质。通过观察和了解，看看冲突的双方都做了些什么，听听周围的人对此有何议论，冲突的根源就不难找到了。找到这个根源以后，再对症下药，不仅能解决表层的矛盾，并且还能使冲突双方在心理、感情上有所沟通，最终会达成谅解而握手言和的目的。

二、分清是非公正，保持中立

劝架要分清是非公正，不能没有原则地"和稀泥"，不分是非地各打五十大板，以为"一个巴掌拍不响"，笼统地对双方都作出批评，这样就不能让双方都信服。在吵架时，双方脸红脖子粗，气氛十分紧张。这时，如果用一两句风趣幽默的话加以调解，就可以"降温"和"放松"，缓和紧张的气氛，达到使双方冷静的作用。人在吵架时火气都比较大，头脑处于兴奋状态，耳中一般听不进劝告。所以，劝架时不要纠缠于吵架人的某些过激的言辞，要多用委婉的语言，注意不要触及当事人的忌讳。

在一般情况下，调解人要尽量不用激烈尖锐的语句，避免火上浇油。当然，如果形势十分紧张，吵架双方矛盾达到白热化，动起武来，就要用高声呵斥，从而使其暂时冷静一下，得以放下过激的情绪。

保持中立，这是一条最为重要的原则，也是调解能否成功的前提。调解人必须做到不偏袒任何一方。你偏向一方，另一方就不会相信你，而且另一方还可能以为你是在帮助他的对头与他们较劲。

另一个需要避免的是，你不该持有打抱不平的思想。偶尔面对发生的冲突，肯定有自己的看法，但是作为一个调解人，目的是为了让矛盾双方息战并和解，而不是“仗义执言”或“拔刀相助”，那样只会让人产生误解，使冲突加剧。所以，调解时不必专讲是非曲直，甚至对明显有过错的一方也要做出理解的态度，这样做的目的是为了使冲突的双方能坐下来面对面地交谈，而调解人则坐在中间，以达到双方合解的最终目的。

三、避免在冲突达到高潮时出面作调解

冲突刚起时，是调解最容易成功的时候，但这需要有先见之明，当两人的冲突达到高潮时，调解人所能做的只能是致力于双方一时息战，消除一下他们心中的火气。如果两人都在火头上，你出面作调解，多半会无功而返的。因为这个时候，你无论提出什么样的办法，他们都听不进去，而且一不小心，自己都可能成为“参战者”。此时，谨慎而聪明的做法是将冲突的双方劝开，避免他们再动干戈或进一步说一些有伤感情、事后难以收回的话。

接下来的一步才是调解。等到双方都冷静下来，对冲突感到疲乏并且有调解的愿望的时候，虽然不像冲突刚起时调解那么容易，但是却也能收到实效。这时，双方都会对你费力的调解表示感激。

四、刺探双方最大限度的让步

在作具体的调解时，不要想当然地提出调解的办法，这样是很容易碰壁的。在开口说出办法之前，你必须刺探双方最大限度的让步是什么，然后从中找出共同点和分歧点，经过反复分析、商量，辅以劝解，最后提出一个使双方都能够接受的办法。

总之，在与人交涉过程中，调解他人之间的矛盾并不轻松，有时本来你是一个很受人尊敬的人，弄得不好就会很没面子，有时还要忍受委屈和误解。为了使调解的成功率更高，我们在作调解的同时，不妨动员其他人一起参与，当然要动员的是同自己思想基本一致而且是冲突双方都可信赖的亲友、同事等。自己单枪匹马，可能会承受一定的压力，而和这些人共同努力，则会变压力为动力，促使冲突的双方向和解的道路上迈进。

方式49 找人办事时先投石问路，以免尴尬

关键词：沟通方式·针对式沟通·找人办事

适用情境：求人办事，不知该怎么开口时，可运用此方式。

找人办事，常常会遭遇拒绝，使自己很丢面子，显得很尴尬。为了避免求人办事过程中遭遇到尴尬处境，就应该未雨绸缪。

一、触类旁通

当你想要提出一个要求时，可以先提出一个与此同属一类的问题来试探对方的态度。如果得到肯定的信息时，你便可进一步提出自己的要求；如果对方的态度很明确，就是否定，那你最好是免开尊口，以免遭到拒绝而让自己尴尬。

有一位干部打算调离本单位，但是又担心领导当场给以否定或给领导留下不好的印象，不利于以后的工作。于是，他提出了这样一个问题："主任，咱们单位有的青年干部想挪挪窝儿，你觉得怎么样？"主任说："人才流动嘛，我是赞成的。"

他见领导的态度还可以，于是就笑着进一步说道："如果这个人是我呢？"

"那也不拦，只要有地方要，也可以高就。"这样，他准确地摸到了领导的

态度。不久,他正式向领导递上了请求调动的申请书。

用触类旁通法进行试探,其好处是进退自如,可进可退,是在与人交涉中广泛的实用办法。

二、投石问路

当你有具体想法的时候,并不直接提出来,而是先提一个与自己本意相关的问题,请对方回答,如果根据对方的答案,自己已经得出其否定性的判断,那就不要再提出自己原定的想法,这样就可以避免掉尴尬。

有个老太太买了几斤鸡蛋,拿回家后感觉售货员找的钱不对,但是,又没有把握是人家错了。于是她找了去,问道:"同志,这鸡蛋多少钱一斤了?瞧我这记性,才一会工夫就忘了。"对方答后,她自己在心中算了算,明白是自己算错了,说了句"谢谢",转身离开了商店。这位老太太处理问题的方法是明智的。

当自己拿不准的时候,不要武断地否定对方,最好要先使用投石问路法,摸清情况,然后再决定下一步行动也不迟。有的人就不是这样,他们处理问题时易冲动,情况没有搞清,就向人家提出挑战,结果是自己错了,人家的反唇相讥,反而使自己陷入了窘境。如有的人买东西,自己没有算清楚就冲售货员大声说:"你少找了我钱!"等人家一笔一笔算清楚,证明人家没有弄错时,那这个人自己就尴尬极了。

三、顺便提出

有时提出问题,并不能用郑重其事的方式。因为这种方式会显得对此事过分重视,一旦被否定的话,自己会感到下不来台。而如果在执行某一交际任务的过程中,利用适当的时机顺便提出自己的问题,给人的印象是并没把此事看得很重,即使不能满足,也没有什么没面子的感觉。

某一业务员在与另一个厂子的厂长谈判生意告一段落时,向对方提出一个问题:"顺便问一句,你们厂现在招不招人?我有个朋友想到你们这里来工作。"厂长说:"现在我们厂的效益不错,想来的人太多了。可是我们把关把得严,目前一个也没有招进。""噢,是这样啊。"在对方的否定答复面前,他一点也没有感到自己没面子，但是已达到了试探的目的。试想，如果一开始就以郑重其事的态度向人家提出这个问题，遭到对方的拒绝，那现场的气氛就可想而知了。

还有一个例子，小D跟上司一起去拜访一位很有名望的书法家。在谈完正事之后，小D乘机说："老先生，我很喜欢您的字，如果您能在百忙中给我写一幅，那就太好了。"那位老先生说："近来我的身体不太好，以后再说吧。"很显然，小D的请求被拒绝了。但是，由于是顺便提出的要求，所以小D并不感到尴尬，也没有觉得自己失了面子。

实际上，在很多情况下，顺便提出的问题往往是自己要说明的真正意图，但是，由于使用这种轻描淡写的方式顺便一说，就使自己有路可退。这一方法，可以有效地防止对方的否定给自己造成的心理失衡。

四、打电话

打电话提出自己的要求与面对面提出的情形会有所不同。由于彼此之间只能听到声音见不着面，即使被对方否定了，刺激性也会相对小很多，所以会比当面被否定更易让人接受些。

有位文学爱好者写了一篇稿子，寄给出版社后好长时间没有回音。于是，他就打电话问结果："编辑同志，我想问一下那篇稿子的处理情况……""稿子我们已经看了，我认为还有些距离，所以很难采用……""噢，是这样啊，我会继续努力的。"就这样，他在较为平静的气氛中，既保住了自己的面子，又接受了一个被否定的事实。

五、开玩笑

在与人交涉时，有时可以把本来应郑重其事提出的问题用开玩笑的口气说出来。如果对方给以否定，便可把这个问题归结为开一个玩笑。这样既能达到试探的目的，又可在一笑之中化解尴尬，维护自己的面子。

在计划经济时代，有一个职员到经理家中做客，看到他家的客厅里有一台彩色电视机，因当时彩电很紧俏，于是便想请他也帮自己家买一台。可是，他又怕人家不给面子，于是就用打哈哈的口气说："行啊，你们都看上彩色的了，我家还是黑白时代呢，不能帮咱也弄一台吗，大经理？"经理有些为难地说："哎呀，你还不了解行情，现在买一台彩电可不是容易的事呢。"他见此情形，马上就说："瞧把你吓的，呵呵，你就是让我买，我也没有那么多的钱啊！"就这样，他适时转弯，避免了遭到拒绝的尴尬。这种打哈哈方式，真真假假，同样可进也可退，在与熟人交涉时较为多用。

最后，需要提出的是，以上方法只不过是避免出现尴尬，为了保护自己的自尊和面子所采取的一种策略性手段。然而，我们不能仅仅满足于此，应更多地研究一些在被对方否定情况下，如何运用交涉的技巧，争取到最后的胜利。

方式50 遇到蛮横不讲理者不得已时以牙还牙

关键词：沟通方式·针对式沟通·蛮不讲理

适用情境：在社交活动中，遇到蛮横不讲道理的人时，可运用此方式。

在社交活动中，有的人蛮横不讲道理，如果你一再忍让，他还会得理不饶人，这时，你也要来点硬的，以牙还牙。有时，这种方式也是必需的，但是要讲求艺术。

以下就是几个能达到目的的以牙还牙的方法。

一、态度要镇静

遇事最忌的就是浮躁。一语不合，就面红筋跳，暴躁如雷，这是泼妇骂街之术。强者必须态度镇静，行若无事。一般的吵架，谁的声音高便算谁有理，谁的来势猛便算谁赢了；可是真正的强者，乃能避其锋而击其懈。你等他骂得疲倦、无话可说的时候，只需轻轻的回敬一句，就会让他再狂吼一阵。在他暴躁不堪的时候，你不妨对他冷笑几声，包管你不费气力，把他气得死去活来。

二、讲究旁敲侧击

他偷东西，你骂他是贼；他抢东西，你骂他是盗，这是笨人的方法。对峙也要烘托旁衬，旁敲侧击，在紧要的地方只要一语便可，这正是所谓杀人于咽喉处着刀的道理。越要打击他，你越要原谅他，即便说些恭维话也不为过，这样的方法才能显得你所说的句句是真实确凿，让旁边的人看起来也佩服你的度量，并让对方自惭形秽去吧。

三、出言典雅

说人要说得微妙含蓄，你说他一句要使他不甚觉得是挨骂，等到想过一遍后才慢慢觉悟这句话不是好话，让他笑着的面孔由白而红，这才是强者。欲达到这个目的，深刻的用意固不可少，而典雅之言词则更为重要。言词典雅可使听者感觉不到刺耳。如要说得典雅，则首先不要说出不堪入耳的脏话，不要涉及人生理上的范围。说到生理范围以内，底下再有什么话都不好说了。他若回敬起来，岂不是势均力敌、半斤八两吗？再者，最好不要加入种种难堪的名词，称呼起来总要客气，即使他是极其卑鄙的小人，你也不妨称他先生，越客气，语言越有份量。最好引用他自己的词句，这不但能使得他难堪，还能减轻他对你相讥的力量。俗话少用，因为俗话一览无遗。

四、以退为进

两人对峙，而自己亦有理屈之处，则要在开始对峙时特别注意，最好是毅然将自己理屈之处完全承认下来，必要时要道歉认错。先把自己理屈之处轻轻遮掩过去，然后你再重整旗鼓，招招逼人，这样才会无后顾之忧。即使自己没有理屈的地方，也绝不可自行太过夸张，务必要谦逊，把自己的位置降到一个不可再降的位置，然后再与人对峙起来，自有一种公正光明的态度。否则你说他一两句，他便以你个人的事反唇相讥，一场对峙，会变成两人私下口角，是非曲直，无从判断。

五、预设埋伏

你把这句话说过去，你便要想想看，他将用什么话给你对回来。有眼光的人，便会处处留神，或是先将他要讥讽你的话替他说出来，或是预先安设埋伏,令他对讥讽回来的话失去效力。他讥讽你的话,你替他说出来,这就如同缴了他的械一般。预先安设埋伏,便是在要攻击你的地方,你先轻轻的埋下话根,然后他讥讽过来就等于枪弹打在沙包上,对你产生不了伤害。

六、不要连累旁人

在同一时间和场合,只能讥讽一个人,或一种人,决不宜树敌太多。所以在你以牙还牙讥讽他人的时候,千万不要连累旁人,即使必须牵涉到很多人,你也要表示好意,否则会回讽之声纷至沓来,使你无法应付。

七、小题大做

如对手有该"回敬"之处,而题目甚小,不值一讽,或你知道的不多,不足一讽,这时你便可用小题大做的方法,来扩大目标。先用诚恳而怀疑的态度引申对方的意思,由不紧要之处引到大题目上去,处处用严谨的逻辑逼他说出他心中对你不满的话来,或是逼他说出合于逻辑而不合乎情理的话来,然后你再大举"进攻",讥讽到他体无完肤为止,而原来惹动你怒气的小题目,轻轻一提就可以了。

方式51 被人指责时尽快解脱窘境,转败为胜

关键词:沟通方式·被人指责·处于窘境

适用情境:当别人不顾及你的面子,当众指出你的缺点或不足时,可运用此方式。

在交涉场合中,往往有些人会不顾及别人的面子,当众指出你的不足与缺点,使你手足无措,陷入尴尬的境地。那么,面对这种情况,你要如何处理呢?下面是五种非常实用的方法。

一、请难应变法

当你处于窘境之时，可以反问对方一个问题，让对方来回答，从而把对方和听众的注意力都转移到你提出的问题上，这就是请难应变法。

一个法国人去拜访他的英国朋友，当他走进朋友的住处时，忽然一条大狗蹿了出来，对着他不停地狂吠。法国人吓得连连后退。就在这时，他的英国朋友出来了。英国人把狗叫住后对他说："不要怕，有条谚语说：'叫得响的狗不咬人。'你没听说过吗？""我听说过这条谚语，你也听说过这条谚语，可是，这条狗它听说过这条谚语吗？"法国人答道。

人怕被狗咬到是在常理之中，而法国人的朋友说出一句谚语："叫得响的狗不咬人"，意在奚落法国人胆小。若顺着朋友的话去附和，就等于承认自己胆小。于是法国人用了一个巧妙的反问："这条狗听说过这条谚语吗？"初听似觉问得荒唐，细品之后才感到妙趣横生。

二、有意曲解法

在与人交涉的过程之中，当你遭到恶意攻击并陷入难堪境地时，你可以抓住对方语言中的某个词或某句话，进行有意曲解，这样做既可以解脱窘境，还可以用来嘲讽对手。

前苏联伟大诗人马雅可夫斯基，在一次演讲时受到了一群人的攻击，其中有个人挤到台上来指责他，说："我提醒你，马雅可夫斯基，拿破仑有句名言：'从伟大到可笑，只有一步之差'。"马雅可夫斯基目测了一下自己与那人的距离，用手指了指自己又指了指对方，笑着说道："对，从伟大到可笑，只有一步之差。"顿时，全场哄堂大笑，那位挑衅者顿时瞠目结舌，狼狈不堪。

被人当场指责实在是让人难堪至极，若和对方针锋相对地去争辩，也会有失风度，因此马雅可夫斯基故意曲解对手的话语，不但让对手苦不堪言，自己也体面地下了台。

三、超常想象法

在与人交涉时，当你因做错事或说错话而受到对方的指责时，若一味地去狡辩，只会影响你的形象，此时，你应发挥超常想象，在困境中展示你的才智和应变能力，将问题转移。

大学生孙哲为了减轻家里的经济负担，常常利用节假日打工挣学费。经一位朋友介绍，他到“轩亭”餐馆当服务员。双休日来就餐的人特别多，孙哲双手托着菜碟、酒具，不停地在客人间穿梭。

正当他为客人服务时，一对中年夫妇面带愠怒地冲他叫了一声：“服务员。”他赶紧走到这对夫妇面前。那男士用筷子指了指汤里漂着的苍蝇，冷冷地指责道：“请问，这东西在我的汤里干嘛？”孙哲弯下腰，仔细一看，不禁暗自叫苦：弄不好，这份工作要泡汤了。突然他灵机一动，然后毕恭毕敬地答道：“先生，对不起。它好像在游泳。”

“难道它不知道这儿严禁游泳吗？”这位男士也颇具幽默感地反问道。“非常抱歉，是我们管理不严，让它犯了自由主义的错误。我给您重换一碗汤，可以吗？”孙哲极有礼貌地答道。这对中年夫妇被孙哲的幽默惹得忍俊不禁，自然就采取了谅解的态度。

受到客人指责时，简单道歉或辩解是不能迅速化解客人心中不满情绪的。孙哲从中年男士的问话中判断，他是一个温文尔雅且具有幽默感的人，于是便灵机一动抓住时机，发挥超乎常人的想象，始终避开正面交锋，并借助偶然的因素所造成的失误构成某种歪曲的推理，从而淡化了客人的不满。

四、逆向释因法

面对对方的攻击，如果你能借用对方的说理和推理方法反向攻击，便能从困境中解脱出来。

《吕氏春秋》中有这样一则故事：秦国与赵国签定了盟约。双方约定：秦国要想做的事，赵国必须帮忙。赵国所要做的事，秦国也一定会尽力支持。不久，秦国发兵攻打魏国，但赵国却想要救魏国。秦王因此很不高兴，于是就派使者去质问赵王：“根据盟约，秦国想做的事，赵国必须帮忙，现在秦国攻打魏国，而你们赵国却要救魏国，这不是违反了我们的盟约了吗？”赵王听了感到很为难，于是请教公孙龙。公孙龙说："赵国也可以派使者去质问秦王：赵国想救魏国，而秦国却不给予支持，这不也是违反了盟约吗？"

赵王按公孙龙的方法去做，果然问得秦王无言以对。秦国使者对赵王的质问，若赵王顺向答话，就会进入一条死胡同，还会背上背信弃义的骂名。公孙龙抓住盟约中的条件："赵国所要做的事，秦国也一定会尽力支持。"从相反的方向攻击，轻而易举地制服了对方。

五、歪问歪答法

与人交涉时，若顺着对方问话老老实实地作答，有时就会陷入对方设置好的陷阱。所以，针对对方提出的怪问题，你不妨来个歪问歪答，巧妙过关。

一次，乾隆皇帝与大臣刘墉在避暑山庄看到了一尊弥勒佛像。乾隆指着佛像问道："他为什么对朕笑？"

刘墉笑道："皇帝是文殊菩萨转世，是当今活佛，佛见佛故笑。"实际上，弥勒佛笑口常开，对谁都开口笑，乾隆这么问，实在难为刘墉了，但他还是机智地回答了问题。

不料，乾隆突然又问："他为什么对你笑呢？"

刘墉答道："佛笑臣成不了佛。"

刘墉刚说过，佛见佛故笑，若还这么回答，自己就是与皇上平起平坐了，就要犯大逆不道的罪，刘墉这回把弥勒佛对他的笑说成嘲笑，既巧妙地回答了皇上提出的问题，又没有冒犯皇上。

总之，你在与人交涉时陷入了不利境地，运用上面这几种方法，就能化险为夷、转败为胜。

方式 52 受到他人围攻时要运用方法，突破阵脚

关键词：沟通方式·针对式沟通·他人围攻

适用情境：当遭遇众多对手围攻时，可运用此方式。

在与人交涉时，常常会因为某种因素而使自己孤身一人陷入重重包围之中。有时左冲右突，就是摆脱不了他人“一窝蜂”似的攻击；有时来自面对四面八方的责难，连自己的正确主张都无法陈述；有时无计可施，只好临阵脱逃；有时与对方据理力争，比声音高低，结果是漏洞百出。那么，在自己有理但却受到围攻的时候，你怎样做，才能顺利突围呢？

一、分清态势，抓住主要矛盾

如果在交涉时，众多的对手一起围攻你，就是再添几张嘴去反驳也无济于事。此时最要紧的是要冷静地分析对方汹涌的来势，搞清楚对方的本质目的，然后有针对性地采取对策，就可使对方全线崩溃。

某市长途汽车站的一辆班车上，旅客都已检票上了车，可是驾驶员启动马达后，车子发动不起来了，修了好几次也没修好。旅客们不耐烦了，先是同驾驶员吵，接着就纷纷下车去找站长理论。

20 多名旅客把站长围在中间，七嘴八舌地说了起来：有人说车站对旅客不负责任，有人指责驾驶员态度不好，有人说车站不讲信誉，有人要求站长退票，有人要求站长另换车子，还有人说下车后还有急事。站长一边听着旅客说话，一边冷静地分析着，并没有去一一反驳这些责难。当他搞清楚旅客围攻他的实质性问题是要及早地开车上路时，立即挥手示意旅客们不要再继续说下去。他一面检讨工作上的失误，一面宣布马上调度一辆好的车，保证在 10 分

钟内发车上路。由于这位站长抓住了整个事情的主要矛盾，因此没费多少口舌就解决了问题。

二、选准了靶子，从一点开始突破

突围，就要选准突破口。在与人交涉受到围攻时，这个突破口就是在众多围困者中最容易被击败的那个，这个靶子选准后，猛烈地反击，即可使包围圈溃散而为自己解了围。

某县城税务所的一位工作人员到小商品批发市场收税，一个食品批发的摊主不但不肯纳税，还借故和那位工作人员吵了起来。周围的批发商贩也围拢来攻击这位工作人员：有人说夏天雨多，顾客不愿出门，营业额很低，无税可交；有的人说近来销路不畅，亏了本，怎么还要交税呢？有的指责税务部门只知道收税，不关心纳税者的销售情况；有的说他们在厂家进货时就已经纳过税了，再缴是多余的……

面对责难，这位工作人员认准了一个吵得最凶的专门经营文具的批发商，当着众人的面，让其说出一个月以来的销售额。这位批发商支吾着不正面回答问话，仍在诉苦。这位工作人员见他不说，就一笔笔地报出了他从印刷厂进的三批价值近2万元的簿本账目。这位批发商顿时傻了眼，其他人见税收员动了真格的，怕坚持下去也占不到上风，就悄悄地退出了。事实上，这些围困者的内心都巴不得这位工作人员与他们争吵起来，一来想看工作人员出丑，二来想在混乱中蒙混过关。可是当你抓到其中的一个人的要害，即刻就会对另外的人产生影响，他们就会全都败下阵来。

三、刀枪相对，以泰山压顶之势来击溃对方

围攻者有时纯粹是无理取闹。面对这种情况，被围攻的人在弄清真相的前提下，应用能致对方于失败境地的理由来压服对方，从而使他们围攻的阵线土崩瓦解。

某工厂工资发放完之后，一些奖金发得少和被扣发奖金的十来个人来厂长室兴师问罪，各执一词地要求答复，形成了对厂长包围的态势。厂长在弄明其来意后，拿出了奖金管理的规定给他们看，并且毫不留情地批评了他们不保证产品的质量、不遵守厂的纪律，还来厂部无理取闹的行为。最后，厂长还告诉他们：奖金发放的金额一个也不改，如果不服气、不能执行厂部的规定的话，可以离厂去另谋高就。这些刚才还来势汹汹的“请愿者”见厂长义正辞严，也就全都低着头自动散了。

四、主动迂回，靠曲线取胜

在与人交涉的过程中遭到围攻，如果对方势力比较强大、问题不可以正面解决时，则可以采取迂回的策略，先退一步，再寻求进两步，最终战胜对方。

某化肥厂因为同原材料供应单位的关系没有处理好，被迫停产了，由此导致了原来签定的尿素供应合同不能兑现。当时，正值秋种前的销售旺季。清晨，一大群上门催货的客户就把刚来上班的供销员围在了中间。供销员在一片“大忙时节供不上货，影响农时，是坑害农民”、“不讲信用”、“对客户不负责任”等责难声中四面受敌。

因为是本身理亏，不宜正面和人家理论，供销员耐着性子听完大家的责难之后，用一种很认真的态度对他们说：“诸位，先消消气，作为厂家，有谁不想尽量满足你们的要求，多增加厂里的经济效益呢？你们先上街去逛逛，我呢，到各个仓库再去查查，看看是否可以给你们筹集出一些来。中午时大家再到这里来，我把具体情况报告你们。”这些客户看到即使把供销员困住也解决不了问题，就让他去了。

中午时，大家如约而来。只见供销员先向大家道歉，接着说：“刚才我已经查询过了，库存现在真的是一点都没有了，最后一部分也在昨天晚上被一个客户运走了。”接下来，他又请来厂长，让他和自己一起向客户表示歉意，厂长作出了明确的表示：只要一开工，保证首先满足在场的各位。这些有怨气的客户此时感到再多话也没用，何况拳头不打笑脸人，而且以后还要共事呢？于是就顺着厂长给的台阶下来了。

这位供销员的胜利“突围”，看上去是先退了一步，实际上只是暂时的回避，从根本上说并没有向对方妥协，他让气势正盛的对方把冲动的感情先冷却下来，然后再处理，这样自然要比先前容易得多了。

可见，在与人交涉时身陷重围并不可怕，怕的是自己先乱了阵脚，这样对方就更有可乘之机了。在言谈举止中，只要你沉着应对，运用以上方法，定能突破重围，取得交涉的成功。

方式53 遭遇别人嘲笑时要坦然面对，坚信自我

关键词：沟通方式·针对式沟通·冷嘲热讽

适用情境：当遭遇别人的冷嘲热讽时，可运用此方式。

在与人交涉的过程中，难免会遇到一些心胸狭隘、不顾及别人情面的人。他们可能会在你偶然犯错误或者失态的情况下，嘲笑你的不甚或者失误，从而起到使你难堪的目的。往往这个时候，我们都会显得手足无措，不知如何是好。那么，你现在不必再为这个问题困扰，以下有几个好办法，不但能帮助你摆脱困境，还能帮你找回自信！

一、隐含锋芒法

当来自对方的嘲笑是出于无知或轻浮时，你也可以不直接进行反击，通过说明事实真相的方式，就能心平气和地给对方的失礼行为以分量不轻的教训。这种方式看似平常，却既有很强的教育作用，又能显示说者的风度雅量。

20世纪50年代时，周恩来总理接见一位美国记者，这个记者一进门就看到周总理桌上有一支美国派克钢笔，于是便以嘲讽的口吻问道："请问总理阁下，你们中国人，为何也要用我国的钢笔呢？"周总理听了并没有生气，而是笑着说："谈起这支钢笔，话就长了。这是我们一位朝鲜朋友的抗美战利品，作为礼物赠送给我的。我无功不受禄，就拒收。朋友说，留下做个纪念吧，我也觉得

有意义，就留下了这支贵国的钢笔。”至此，美国记者已是满脸窘迫了。

还有一个例子：美国著名律师维特被选为议员以后，他穿着乡下人的服装从农庄到了波士顿。当他在一家旅馆客厅里休息时，听到一群衣冠楚楚的绅士淑女在议论他：“啊，来了一个地道的乡巴佬，我们过去逗逗他。”于是他们就走过来，把他围起来向他提出一些怪问题，嘲弄他。维特站起来，郑重地说：“你们仅仅从我的衣着看我，就不免看错了人，以为我是一个乡巴佬。而我呢，因为同样的原因，以为你们是绅士淑女。其时，我们都错了。”这一句话，揭露了对方“金玉其外，败絮其中”的为人，使嘲弄者反受到了嘲笑，同时也提醒他们不要犯以貌取人的世俗错误。

这一种应对方式是很高明的，它不是那么锋芒毕露，咄咄逼人，而是在平心静气，甚至是在谈笑风生之中，通过陈述事实，说明道理，揭露对方的无知。当情况点明时，对方已经无地自容了。有时候，这种方式比直接反驳的效果更好。

二、以牙还牙法

如果嘲笑者是蓄意挑衅，污辱人格，拿人的生理缺陷寻开心，这时被嘲笑者不必客气，要以其人之道还治其人之身，以强烈刺激性的语言给他们来点教训，使对方“哑巴吃黄连”。

俄国寓言作家克雷洛夫，皮肤生得较黑，但偏偏又喜欢穿黑衣服。一天他在路上遇到了两个穿得花里胡哨的公子哥儿。其中有一个见到了克雷洛夫，就阴阳怪气地对他的同伴说：“看啊，飘来了一朵乌云！”克雷泊夫应声答道：“怪不得青蛙高兴得叫了。”克雷洛夫如法炮制，接过话头儿，教训了对方。

再如，英国作家萧伯纳长得又瘦又高。在一次宴会上，一个很胖的资本家讥笑他说：“啊，萧伯纳先生，一见到您，我就知道世界上现在正闹着饥荒。”萧伯纳看了他一眼，答道：“嗯，先生，我见到您就知道世界上正在闹饥荒的原因。”萧伯纳的回击及时有力，恰到好处地把窘迫又还给了对方。

对于他人有意侮辱人格的嘲笑应以眼还眼，以牙还牙，进行自卫还击，可以收到一招制胜的效果。

三、强忍自激法

如果对方的嘲笑并不涉及自己的人格，而且说的又是事实，只不过是用语尖刻了一点，使自己的面子有些过不去时，你大可不必进行反击。此时，你不如将对方的羞辱化作动力，下决心改变事实，提高自己，最终为自己挽回面子。当你扬眉吐气之时，对方也会感到自愧的。

有一位青年喜欢作诗，在刚刚学习写诗时不敢拿出来叫人看。有一天，一位小有名气的诗人无意中看了他写的一首诗，随手在一旁作了批注："奇文共欣赏，疑义相与析。"还又用讥笑的口吻说："这也叫诗？顺口溜吧！"这个青年当时被搞得很狼狈，反击对方吧，自己底气不足，本来就是写得不好，人家讥笑也不无道理。于是，他采取了强忍自激的方式，只说了一句："谢谢你的指点！"转身走了。此后，他更加发奋，决心在这方面有所成就，不能让人瞧不起。经过几个月的努力，终于有了成果，他在报纸上连续发表了几首诗。当他拿着发表的诗，有意向这位诗人请教时，这位诗人有点吃惊地说："没想到，没想到，了不起。"这时，他已不是嘲笑，而是由衷地佩服了。

四、幽默解窘法

当对方嘲笑的是自己的确存在的事实时，如果自己矢口否认，反而是在欲盖弥彰；如果恼羞成怒，也会错上加错。这时，不妨采取幽默方式给以应对，使自己体面地从窘迫中走出来。

一天，某一车间主任指着小 A 嘲笑说："你，越来越不像话了，小小的年纪，就成了烟鬼，工作时间老到吸烟室里去吸烟。10 次有 9 次我都能看到你。"小 A 有几分尴尬，可是他一转念，有些戏谑地说道："是，主任，可是您比我还多一次呢！"这一回答出乎对方的预料，对方也不好意思地笑了。就这样，小 A 为自己化解了窘迫。

再如，有一天，约翰的父亲因儿子不好好学习，而用嘲笑地口气批评他道："约翰，你知道吗？华盛顿在你这样年纪的时候，已经是班级里最好的学生了。"约翰说道："是的，爸爸，但是华盛顿在你这样年纪的时候，已经当上美国总统了。"爸爸反被儿子的幽默回答驳得哑口无言了。

在这里需要指出的是，幽默解窘法虽然可以为自己解窘一时，但是有护短和狡辩之嫌。因此，它只能做为权宜之计，暂时给自己一个台阶下，进而要从对方的嘲笑中认识到自己存在的问题，并下决心改正，这才是正确的作法。

面对别人的嘲笑，要更加坚信自我，并巧妙运用以上方法，一定会使你在与人交涉时重新找到照射在自己身上的阳光。

方式54 面对流言蜚语要泰然处之，灵活应对

关键词：沟通方式·针对式沟通·流言蜚语

适用情境：当有人别有用意地说你"闲话"时，可运用此方式。

现实生活和工作中，一些人总喜欢说别人的闲话，而不顾他人的苦乐和祸福；或者居心叵测，别有用意地制造"闲话"，以达到伤害他人的目的。如此一来，不少人都被"流"言弄得心力交瘁，苦不堪言，被流言蜚语搞得妻离子散、家破人亡者也大有人在。

那么，我们到底应该如何面对流言蜚语，才能使自己免受其害呢？

一、泰然处之的态度

对于闲言碎语，你应泰然处之，没有必要去过多计较。因为很多时候，流言似乎具有粘连性，你不应付它还好些，你一应付，它也就有了"真正的主人"。不仅消止不了，反倒更"说明问题"，越描越黑。不予理睬、沉默以待，有时还真的管用。

流言如一只好斗的公鸡，只要你轻蔑它，不和它硬斗，慢慢地它自己就会没有劲头了。记得某部电影里有一句台词："对于闲言碎语，没有必要去计较，也计较不过来。自己想怎么活就怎么活，自己选的路愿意走的尽管走下去。如

果这个人说这么走，那个人说那么走，那你就永远在原地呆着吧！”

一个事业、生活的强者，面对各种蜚言，能泰然视之，并以此为动力，让自己干得更好，活得更好。人人各有自己的生活态度、方式，各有自己的工作、事业，别人说，就让他们去说吧。当你生活潇洒、事业有成时，流言便不再“依恋”你了。

二、要拿事实去说话

要制止流言蜚语，最好的解决办法就是自己拿出修身的实际行动。世上不平、可愤之事太多了。你不去“理”流言，流言却偏爱“理”你。如果事情没有什么大不了的倒无妨；倘若事关重大，什么场合你都保持沉默就不可取了，要拿事实去说话，去证实自己究竟是不是流言中所描述的那样。

唐朝开元初年，在民间流传起一个谣言，说皇上要挑选女子进宫当嫔妃。皇上得知后，就命令选出后宫中多余的嫔妃，送她们还家。于是，谣传不攻自破，平息了下来。

无论怎么说，事实胜于雄辩，与其和它论来辩去，不如干脆摆出自己的实“底”。你说是“如何如何”，我偏偏举出与你针锋相对的实例来，对方自会得出“并非如此”的答案，也就没了要说的下文。

三、必要时要以毒攻毒

流言、蜚语，很多时候你和它理论不清。只要是流言，总是造谣者在编谣造假，哄骗世人，诬陷攻击别人，进而达到他自己的黑暗目的。因此，我们不妨“以其人之道，还治其人之身”，因为假的就是假的，流言蜚语总是有自相矛盾之处。抓住了对方自相矛盾的地方，予以坚决地回击，对方搬起的石头就会砸到他们自己的脚上。

十月革命前夕，前苏联最有影响的诗人马雅可夫斯基在彼得堡的涅夫斯基大街散步，遇到一个头戴小帽、手提钱袋的女人，把许多市侩聚集在自己周围，用荒谬的谣言污蔑中伤着布尔什维克，只听她在那大声地嚷着：“布尔什维克是土匪，是强盗。他们整天杀人、放火、抢女人……”

马雅可夫斯基听了火冒三丈，当即拨开人群，径直走到这个“鼓动员”跟前，指着她厉声喊：“抓住她，她昨天把我的钱袋偷走了！”

那女人惊慌失措地争辩道：“你说哪儿话？你弄错了吧？”

马雅可夫斯基肯定地说：“没错，没错，就是她——戴着绣黄花的帽子，偷了我25个卢布。”

听了这话，那群人纷纷讥笑着这个女人，随之四散而去。

那女人苦苦哀求道：“我的上帝，你瞧瞧我吧，我可真是头一回看见你呀！”

马雅可夫斯基说：“可不是嘛，太太，你这才头一回看见一个布尔什维克，就大谈特谈布尔什维克来了，……我劝你回家的时候，可别拿自己的女厨子出气。”

这里，马雅可夫斯基就是运用了以毒攻毒的方法，狠狠地教训了这个“鼓噪的女人”。

总之，面对流言要根据具体的实际情况随机应变。还有一点值得提醒的是，与其花费如此大的气力，消耗那么多精神和时间，不如在流言未起之前就把容易引起流言的事明白地“公告”出来，先打个“预防针”，以免让不明内情的人怀疑、猜想，也让恶意攻击者抓不着把柄，我们这样正身，“流言”就会少一些。

方式55 被人误会时应直接沟通，即时消除

关键词：沟通方式·针对式沟通·被人误会

适用情境：当被人误会时，可运用此方式。

有些人被人误会后，往往碍于面子，而不去沟通，导致误会不能消除。误

会如果不予及时消除，就会升级为矛盾，而升级为矛盾以后，就可能导致双方交际的中断，从而失去亲朋好友。因此，如果不愿意直接消除误会，对于那些难以直接消除的误会，还可以采取迂回的策略。迂回的策略也往往可以收到消除误会、保持良好人际关系的效果。

一、佯装不知，以行动来消除误会

佯装不知，用行动消除误会的方法，要冷静、诚恳，语言要亲切，行动要与以往保持一致，不可有特别之处。只有这样，才会使对方确实感觉到他完全误会了你，因此而产生一种愧疚的心理。这样一来，你们之间的误会就自然而然地不留痕迹地消除了。

小G和小H是一对好朋友，他们经常在一起海阔天空地聊天，谈工作、谈生活。但是有一段时期小G因要参加职称考试，所以就将自己封闭了起来，全力复习功课。对小G有意见的小S乘机对小H说："是个本科生有什么了不起的！你知道小G近段时间没与你来往的原因吗？不仅仅是因为考试啊！你想想，你是中专生，他是本科生，他能瞧得起你吗？"小H信以为真，因而非常气愤，觉得小G只不过比他多读了几年书，就如此骄傲，太不够朋友了。因此，他下定决心再也不理睬小G了。小G等考试完毕后，几次打电话给小H，小H对他出奇的冷淡。小G有些莫名其妙，他以前不是这样的呀！很快，小G就了解了情况，是有人在小H面前做了挑拨。第二天，小G突然来到小H家，亲切地对小H说："都是考试搞得咱们好久没聊聊了。走，今晚我请客，咱们聊个痛快！"小H看到小G的行为一点也不像小S说的那样，心里很高兴，于是愉快地答应了。他们之间的误会也就自然而然地消除了。

二、运用书信的形式消除误会

书信是一种通过文字来传达信息的方式，它更有利于说明事情的情况，表达自己的感情。因而，有些当面不便说的话可以在书信中表达出来，其效果更佳。

运用书信消除误会，首先一定要注意用词的客观性，即言语一定要客观真实地反映实际情况，同时还要合乎情理。其次言语要充分地表达出情感性，体现出写信者诚恳友好的态度，以情感人。如果做到了这两点，就会在对方的心灵上激起感情的浪花，从而达到消除误会的目的。

例如，小刘听信了别人的传言，与同事小李产生了误会。小李上班、下班多次同他打招呼，他不予理睬，小李问他是什么原因，他也一声不吭。小李很奇怪。一个偶然的机会，小李知道了小刘对他误会的原因。于是就给他写了一封信，详细地说明了实际情况并非如传言那样。小刘看完信后，深受感动，觉得自己轻信了传言，因而感到非常内疚，于是主动地找小李道歉，两人和好如初。

运用书信消除误会，切忌出现指责对方的言辞。否则，对方就会觉得你缺乏诚意，把误会的责任归结于他，这样不但不会消除误会，反而会火上浇油，使误会发展成为矛盾。

三、请第三人来疏通，消除误会

如果别人与你发生了误会，而第三人完全知道其中的情况，那么你可以请来第三人帮忙疏通，从而达到消除误会的目的。这是因为第三人了解熟悉情况，最有发言权。同时第三人是站在中立的立场上的，能从客观的角度上看问题，说明情况，分析利弊，因而最有说服力。故实践中，亲朋好友、同事之间产生误会，一旦有知情的第三人出面调停，误会很快就消除了。

例如，小颜与小赵因别人的挑拨而产生了误会，小颜错怪小赵在上司面前打他的“小报告”。从此就对小赵耿耿于怀，小赵了解情况后，回忆了他那天在领导处汇报工作，还有小陈在场，他根本就没有谈及小颜的任何情况，因而便请小陈前去向小颜说明了情况。小颜听完小陈的述说后恍然大悟，非常后悔自己轻信传言而伤害了同事之间的感情。

无论怎样，别人一旦对你产生误会，一定要使自己的情绪冷静，心胸一定要宽阔，态度一定要诚恳，能直接沟通的就真接沟通，不能直接沟通或不愿意直接沟通的就根据实际情况采取迂回策略予以消除。我们相信，用真诚的心去与人交流，一定能清除双方之间不必要的误会。

方式56 面对他人敌意时你刚我柔，理智对待

关键词：沟通方式·针对式沟通·他人敌意

适用情境：面对他人尖锐的敌意时，可运用此方式。

与人交涉的过程中，总是无法避免地遭遇到对自己充满敌意的人，也许是因为一些莫须有的传闻，也许是因为情感、经济等利益的冲突，也许是因为对问题的主观看法和立场不同。如果对方的敌意只是沉默的，倒还好一些；可是，如果对方的敌意以责难、污辱甚至人身攻击的方式爆发出来，我们该如何应对呢？这时，逃避当然是懦夫的行为，我们不能容忍自己的形象和尊严被人玷污。但是，面对面的与其争吵、甚至谩骂，只会使彼此的矛盾升级，造成无法收拾的后果。

面对这样的人际难题，一些知名人士处理得非常好。他们面对尖锐的敌意，都没有急于一逞口舌之快，而是理智地采取暗示、幽默反讽、侧面提示等方法，把极具威胁的敌意化于无形，你刚我柔，把万钧压力消弥于无形中。

一、用幽默来转化

在与人交涉的过程中，充满敌意的一方，为了污蔑对方，常常赋予对方某一丑化的形象。此时，反戈相击，又不费吹灰之力的办法就是，将丑化的形象代换给对方。

英国首相威尔逊在一次群众大会上作演讲时，反对者在下面大喊，其中有一人大喊“垃圾”，对威尔逊进行人身攻击。为了不使一场严肃的演讲变成可笑的争吵，威尔逊用平静的口气说道：“先生，你关心的问题，我们一会再讨论。”

美国的林肯总统也有过类似的遭遇。一次，他正在演讲，一个青年递给他

一张纸条，林肯打开一看，上面只写着两个字——“傻瓜”，林肯脸上掠过一丝阴影，但他随即镇静地说：“本总统收到过许多匿名信，全都是只有正文，没有署名。可是今天正好相反，刚才这位先生只署上了自己的名字，却忘了给我写信的内容。”说完，他继续演讲。

威尔逊和林肯都幽默巧妙地使用了“代换法”来对付人身攻击。别人说威尔逊是“垃圾”，威尔逊就把“垃圾”代换成对方“特别感兴趣的问题”；别人嘲笑林肯是“傻瓜”，林肯就把“傻瓜”代换成只署名字而忘了写信的那个人。如此巧妙地反戈一击，自然会令那两位自作聪明者成为众人讥笑的对象。

二、从侧面提示对方

不直接劝解对方放弃敌对态度，而通过与正题不相干的话题委婉地暗示对方，使其意识到自己的敌对态度并不利于事情的解决，从而能收到直接劝解所起不到的作用。

在一次美苏高级领导人会谈时，美国总统肯尼迪说：“判断错误可能引起核战争。”前苏联领导人赫鲁晓夫勃然大怒，他叫嚷道：“判断错误！判断错误！我总是听到你们的人，你们的记者，你们在欧洲和其他每个地方的朋友说这个该死的‘判断错误’！你们应该收起这个词，把它藏在冷库，永远也不要使用！我厌恶这个词！”

在场的人都局促不安起来，接着就是休会，大家共进午餐。在午餐时，肯尼迪总统伸手摸了一下赫鲁晓夫胸前的一枚勋章，问道：“这是什么勋章？”赫鲁晓夫有点吃惊，答道：“这是列宁和平勋章。”肯尼迪温和地说：“我希望这枚勋章能使您保持和平。”

赫鲁晓夫在和肯尼迪会谈时表现出了十分烦躁和充满敌意的情绪，但肯尼迪从大局出发，并未计较，避免了正面冲突。等到赫鲁晓夫的心态稍稍平和之后，肯尼迪借午餐之机提起了赫鲁晓夫的勋章，并通过“列宁和平勋章”来提示赫鲁晓夫应持有温和的真正探讨问题的态度，使其自己主动收敛敌意。

三、争取多数人的支持

在人数众多的交际场合，应把握大多数人的心理特征，争取他们的理解与支持，使少数敌对者处于孤立的地位，这样一来，他们就不敢放肆了。

美国演讲家史蒂文·艾伦，一次在3000多人的演讲会上讲“核战争给人类带来的灾难”问题。他一上台，就发现有一些右翼分子在挤眉弄眼，企图寻衅闹事。在这样的情况下，他调整了自己的讲稿，竭力用温和的口吻说道：“对于今天我要讲的问题，每个人都会有自己的观点。希望在座的各位能给我一次机会，让我来解释我的观点。当然，如果愿意，你也可以上台来说明你的观点。”他这样说缓和了双方的矛盾，避免刺激捣乱分子扰乱会场。

为了进一步镇住他们，艾伦临时决定，从天主教教义入手演讲，他说：“在座的有天主教徒、犹太教徒、基督教徒……只有那些罪恶深重的人，才得不到上帝的宽恕，被烈火焚为灰烬，并打入地狱。试想，如果一旦爆发核战争，多得无法计算的无辜者将被核辐射烧成灰土，上帝无法听见如此众多灵魂的忏悔，难道他们统统都要被送入地狱吗？”这番演讲慷慨激昂，牵动了教徒们的心，博得了阵阵掌声。在这样热烈的气氛中，那些右翼极端分子一个个耷拉着脑袋，先后夹着尾巴溜走了。这场演讲获得了成功。

史蒂文·艾伦不愧为一位杰出的演讲家，为了避免少数极端分子破坏演讲，他适时调整了自己的讲稿，先把会场的气氛和听众的情绪稳定下来，然后抓住在场占绝大多数的天主教徒们的心理，发表了一番极富针对性的演说。与广大天主教徒的热烈支持相比，极少数反对者的敌对情绪就显得微不足道了。

四、以退为进

以退为进，先承认自己在某一方面的劣势，然后再反唇相讥，揭露对方所谓优势的不正当性，从而反衬出自己的劣势才是真正的优势。

阿基诺夫人竞选菲律宾总统时，深得选民们的信赖。竞选对手马科斯不服，他在媒体上讥讽阿基诺夫人缺乏经验，说“最合适女人的场所是厨房”。

阿基诺夫人听说后，沉稳地反唇相讥：“我承认我的确没有经验，我没有马科斯那种欺骗、说谎、盗窃或暗杀政敌的经验。我不是独裁者，不会撒谎，不会舞弊，我虽然没有经验，但我有的是参政的诚意，选民们需要的就是一个和马科斯完全不同的领袖。”

阿基诺夫人面对马科斯充满敌意的丑化与嘲笑并没有直接进行反驳，而是先承认自己的弱势，承认自己缺乏经验，转而，她接着又指出，马科斯富于经验，而经验又是些什么污七八糟的东西呢？这样，马科斯的攻击顿显苍白，优势与劣势在瞬间转化了过来。

在与人交涉时，运用以上的几种方法就能化解敌意，甚至能化敌为友，进而使我们在社交中建立更好的关系。

方式57 不被他人理解时主动亲近，袒露自己

关键词：沟通方式·针对式沟通·不被理解

适用情境：当面对不善理解别人的人时，可运用此方式。

现实生活中，常有一些不善理解人的人。你出现差误、疏漏，他不能原谅、理解你；即便你是正确的、愿望良好的，他也不能充分认识你，不仅如此，甚至还会声声抱怨，说三道四。对这种人，你也许会表现出不可理喻的态度，对他冷然相对。然而这样的结果只会使双方的误解加深，关系越闹越僵，不利于合作共事，也无益于彼此的融洽交往。

如何让不善理解人的人理解你，是与人沟通中的一个难题，然而，这个难题我们必须去面对。因为，它是生活中普遍存在的。面对这个普遍性的话题，这里有几种很有效的方法供大家参考。

一、多向对方袒露自己

不善理解人的人首要表现是，他不善于认识和了解别人，他们比较内向，甚至孤僻执拗，既不愿作深入细致的了解、透彻合理的分析，又习惯于想当

然，而且还会狐疑重重，爱钻牛角尖。在这样的人面前，你最好把自己袒露出来，尤其是他关心的东西，或直接与他相关的问题，应主动促使他来认识和了解，你只有这样做，他才会对你建立正确的认识，才会对你的行为举动有个透彻理解。

有一位年迈的母亲，一人住在乡下，她的儿子在城里工作，儿子工作忙，几乎没有时间回家探望老母亲。老人深感孤寂。本来她完全可以主动一些到儿子那里去，但她脾气又怪又拗，非要等儿子回来不可。而儿子并不知道老母亲的想法，好久未抽时间回家一趟，老人很生气，见到儿子后把一肚子的气都发泄了出来。儿子觉得母亲太不理解他了，也生起气来。母子俩闹起了别扭。如果儿子平日里多向老母亲袒露自己的想法，多把自己工作忙的情况说清楚，即使老母亲是一个再不善理解他人的人，想必也会理解儿子的。

二、把对方拉到你的这边来

据心理学家分析，不善理解人的人封闭、孤傲，自我意识强，自以为是，常把自己与别人割裂开来，对立起来。你应据此出发，把他拉到你的这边来，让他设身处地从你的角度上去看人待事，多商议，多解释，让他多参与，他便会打破封闭，与你走到一起。如此一来，他岂能不对你持认同和欣赏态度?

小孙认为自己一个大小伙子做了收发员有些尴尬。他自行其是，工作拖沓，常把报刊稿件压着不送，同事小张对他的做法很有意见，多次与其交涉，不料他不但不改变工作态度，反而更加肆无忌惮。为此，小张深感小孙是个不懂事、不理解人的人，一气之下就把这事汇报到了上司那里。

假设你是小张，会这样做吗？你可能会说不会，因为这样下去，工作上的问题不但不能解决，而且两人的隔阂还会越来越大。此时最好的做法是：帮助小孙端正心态，让其认真工作，疏通彼此情感，理顺双方关系，让小孙从你的工作角度及工作重要性上理解你的心情和愿望。如此，既会缓和双方的对立关系，又不会影响工作。

不善理解他人的人在与人交涉时有个致命的弱点，就是在沟通时态度被动，行为消极，对太多的事情和问题不能理解和认同，始终保持一种对立的或对抗的情绪。你理解这一点后，就应从他的这一实情出发，主动亲近他，温暖他，与他增进友情，让他消除对你的疏离感、距离感。当你与他的关系进入融洽的境界，他就会对你有好感，并表现出积极的情绪反应，进而便不易产生不理解之举了。

三、学会理解他人

不善理解他人的人做出的某些行为，会让人无可奈何，不禁心中有气，但是，你也完全可以理解他的这种做法并冷然以对呀。不善理解他人的人表现一般并不超出正常的范围，也许在某种程度上他确有怪异行为，确显得不善理解人，这时，就需要你善于理解他了。当你理解他的同时，也在影响着他学会理解你，此时，你会明显地感到他在一点点转变。

小高作为公司领导，很想带领职工发奋创业，使公司走出目前的困境再现生机。在这个过程中，许多人都持理解、支持和合作的态度，也有少数人冷言冷语，加以反对和阻挠。小高对他们给予了充分的理解和宽容。后来，在事实面前，人们渐渐认识到小高的做法是正确的，也就从此对小高的大度深感佩服，进而信任他、服从他的领导了。

在与人交涉时，你尝试一下以上几种办法，相信一定会使那些不理解你的人理解你，并在交流中增进彼此的感情。

第八章

亲友沟通

和谐关系，增进感情

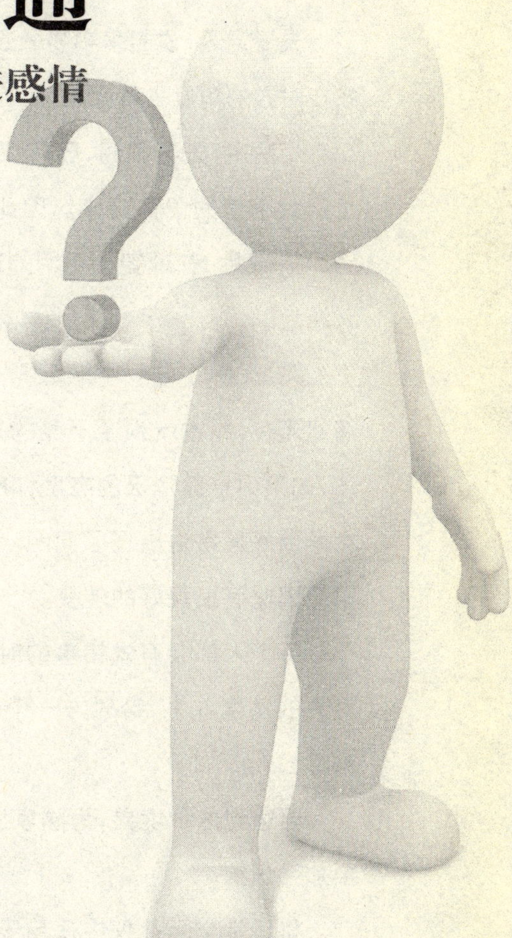

亲友之间更容易有心结，因为他们经常在一起，俗话说的“锅和勺子没有不碰的”就是这个道理。解开亲友之间的心结，一定要选择沟通，事情摊开说了，不仅误会消除了，还增进感情。

方式58 将心放在他(她)身上

关键词:沟通方式·亲友沟通·夫妻沟通

适用情境:当夫妻之间不能相互理解时,可运用此方式。

夫妻沟通,说起来容易做起来难,要多为对方考虑,将心放在对方身上,多站在对方的角度去看问题,久而久之,沟通就顺畅了,生活自然就会美满了。

生活中,夫妻之间,已习惯于每天作息,却忽略了卿卿我我的亲昵与日常生活大小事的语言分享。因此,一旦有外来的刺激,就成为对配偶最大的引诱。他(或她)在理智上明明知道不可以,情感却不断地响应,夫妻关系因此陷入尴尬。

哭泣、伤心与争吵都无济于事。不管对方是否有悔意,夫妻彼此的信任已荡然无存,原本就沟通不良的夫妻关系就会更显得摇摇欲坠。在这样的前提下,如果你抱着消极的态度,麻烦就会更多。这时,你应该检讨一下,看看夫妻之间倒底是哪边出现了问题。如果你能改换一种全新的沟通方式,或许一切都会因此而出现好的转变。

每个人都会有做错事的时候,更何况朝夕相处的夫妻。如果你能从理解对方的角度入手,给对方一个转变的机会,彼此间重新建立起信任感并不是难事。

要达到这种境界,为防家庭出现裂缝,对于夫妻之间的沟通,在平时你就要加强训练。

将日常交际礼仪中适用于夫妻之间的技能凝练出适合夫妻对话的语言,并进行感情上深化体悟,心与心的交流中最重要的是通过夫妻之间特定的语言模式来进行,只要彼此都将心放在对方的身上,沟通的语言就会增多,这样第三者就不可能攻进来了。

夫妻之间吵架的事是再正常不过的。所以你在训练夫妻沟通能力时，必须要注意自己的情绪，千万不要造成敌对情绪，因为一旦情绪敌对，语言就会出现过激的情况，进而感情就会受到伤害。控制情绪不等于回避矛盾，如果双方已经出现了不同意见，却又不愿意提出来，就会出现家庭冷战。一旦家庭出现冷战，又怎么说得上是在沟通呢？

既是夫妻，就要互敬互爱、互谅互让。夫妻关系虽然可以无话不说，但这不意味着可以不尊重对方的感受，毕竟夫妻关系也是人际关系中的特殊结构的关系。在沟通中，更积极地倾听与诚心地赞美是不可缺少的。

家庭是你生活的归宿，配偶就是你这归属圈里最好的对话平台。夫妻之间建立良好的沟通与对话通道，把心放在对方的身上，去除疑心、恐惧与任何伪装，即使出现意见不同的情况，也要献出坦诚之心，学习怎样适度地批评、指正、建议的技巧技能，这样，才能使夫妻关系相处得更好。

方式59 用心去读孩子的心灵

关键词：沟通方式·亲子沟通·拉近距离

适用情境：和孩子交流与沟通时，为了拉近亲子间的心理距离，可运用此方式。

现在，人们生活节奏越来越紧张，许多父母因为忙于工作，和自己的孩子在一起的时间越来越少。因此，对于父母来说，全家人在一起吃饭，可以说是父母了解孩子，和孩子交流最方便和最有利的时机，父母应该抓住这个机会了解孩子的内心世界。

和孩子沟通，应注意四点技巧。

一是父母要当一个好的听众，一定要让孩子把要说的话说完。在孩子说话时，父母要注意观察孩子的表情和举止，要能听出弦外之音。

二是要减轻压力。全家人在一起吃饭是一件轻松的事情，属于非正式沟通，所以一般不要谈论那些过于严肃的话题，以免影响吃饭的心情和吃饭的气氛。

三是作为父母，应掌握一定的沟通技巧，要懂得如何诱导孩子说话，以达到了解孩子的目的。

四是要对孩子的谈话给予积极的反馈。有时，孩子说的可能是一些让父母生气的事情，即使这样，父母也不能立刻表现出批评和指责，要知道，孩子能够向家长毫不隐讳地说出自己的真实想法，这本身就体现了一种信任。如孩子是如何处理纠纷、与同学关系的，要知道任何表面看起来不好的事情都会有它积极的一面。

晚饭时是与孩子沟通的最佳时机。每天晚上，一家人围坐在餐桌前，一边用餐，一边说话，正是一天之中孩子和家长一起分享天伦之乐的美好时光。可是现实中，有不少父母都抓住吃饭的这半个小时，不是板着脸了解孩子在校的表现、考试成绩，就是唠唠叨叨地对孩子训话，引起孩子的反感，这样一来，餐桌的气氛就会变得紧张而带有火药味。当然，不仅达不到与孩子沟通的目的，还会使吃饭的每个人心情更糟。

因此，作为父母，都应该学习，在学习中不断提升自己的说话水平。

吃饭时也好，平时也罢，父母在与孩子沟通时，都要注意以下两点：一是对孩子要多说鼓励的话，关爱的话，赞美的话，宽容的话，诚恳的话，幽默的话，智慧的话；不说粗鲁的话，虚伪的话，鄙俗的话，侮辱的话，诽谤的话，愚昧的话。二是用“爱心”说话，即要平等、尊重、豁达、开朗、宽厚、诚恳，多用讨论式，少用命令式。此外，在了解情况时，倾听是最佳策略，不要轻易下结论，不要急于批评。

为什么有的孩子感到与父母无话可说，在父母面前以沉默来对待父母所调的"教育"？原来，不少父母使用的语言，伤透了孩子的心：

"不可以！""不准！""马上关掉！"（命令）

"你真没出息！我看你没有希望了！"（伤害）

"人家明明成绩多好，看你，真丢人现眼！"（贬低）

"别来烦我！"（拒绝正当要求）

"没有用的东西！"（恶言）

"我说你不行就是不行！"（强迫）

"你真让我伤心透了！"（抱怨）

"我再也不管你了，随你便好了！"（威胁）

"求求你小祖宗，别这样做好吗？"（哀求）

如果我们关注孩子的进步和优点，就会发现孩子身上的亮点。我们在与他们沟通时也要注意培养其自信和自尊，调动其上进的积极性。

在与孩子交流中，要多使用正向语言，如：

"好极了！""你做得不错！"（表扬称赞）

"放学回来了，累不累？"（问候）

"你真是我的好儿子！妈妈喜欢你！"（表达爱意）

"我们一起商量一下，接下来怎么办？"（征询）

方式60 尽自己一份孝心，给父母一份关爱

关键词：沟通方式·与父母沟通·消除误解

适用情境：当由于代沟与父母产生分歧时，可运用此方式。

由于出生时代的不同、成长的社会环境不同，父母与子女两代人之间总是有太多的不同：思想观念上、生活习惯上、兴趣爱好上、人生感悟上等。一家

两代人之间如此多的不同，必然会造成诸多的分歧，从而影响到相互之间的感情。那么，作为晚辈，如何才能与父母很好的沟通、消除彼此的误解，达到其乐融融的境界呢？

首先，对家长的心情要多一份理解。当今社会竞争如此激烈，为人父母者，都要承载着巨大的心理、家务和工作等多方面压力。他们要持家、要挣钱，不但要赡养长辈，还要教育晚辈。而且在生活和工作中常常会遇到不顺心的事，没有人能理解他们，而他们也不会和孩子诉苦，只是在很多时候不经意表现出来，比如发怒或不耐烦等。这时，子女一定要理解他们：父母是为我们好，只是在方法、方式上或许没有按照我们的意思去做而已，就凭这一点，我们还是要理解他们的，不要在父母不顺心的时候还跟他们对峙。

有一对在中学读书的姐弟都爱追求时尚，这样，本来就不富裕的家庭又增添了很多负担。有一天傍晚，两个人放学回家时，看见母亲满脸愁容地坐在床边一言不发，弟弟不管那么多，张嘴就说：“妈，同学们都笑我，去年买的鞋，怎么今年还在穿！”

母亲听了，无奈地说：“咳，谁让你爹妈没本事，拿不出钱来让你们俩穿得更体面些呢！”而此时姐姐就比较懂事，她主动走过去，拉着母亲的手说：“妈，您和爸爸已经很累了，不要再为我们操那么多心，我们不和别人家比。”妈妈见女儿这么懂事非常欣慰。

姐弟两人相比，做女儿的就比做儿子的更懂父母的心。她理解父母，更懂得怎样与父母沟通。

其次，就是要尊重父母的意见。和父母相比，不论我们年龄长到多大，在他们的眼中永远都是孩子。遇事时不要自己一个人闷着冥思苦想，要多听听父母的建议。父母毕竟是过来人，要比你阅历深、经验丰富，况且父母是不会害自己的孩子的，所以在他们那里，你肯定能得到正确的指导和满意的答案。

一位大学毕业刚刚参加工作的男孩，因一时冲动与同事发生了争执。回家后，他把这事如实地说给了母亲：“妈，你看，我刚工作就遇到麻烦了，怎么办哪？”母亲听后笑着对他说：“两人因工作发生摩擦，这是难免的，但不管谁对谁错，你都要主动提出和解，不能因情绪影响了以后的工作。”母亲的一番开导，使他豁然开朗。第二天一上班，他就主动跟同事道了歉，于是，彼此又恢复了往日的关系。

此外，对父母要尽应有的孝心。外出时，要和父母打招呼，告诉他们你去的地方、什么时间回来，不让他们为你担心；父母遇到不如意的事时，你要多利用言语表达你的关心；父母为你做了某件事时，最好要说声“谢谢”或“我爱你”，也可以用小字条写上感激的话表达心意。总之，你要让父母知道，你时刻都在关心着他们、爱着他们！

还有，要尽力做好自己分内的事情：努力读书或对工作负责投入；在节日或父母生日时表达心意，如送礼物给父母或一同外出联络感情。除此之处，你最好安排一个固定时间协助父母做一些家务，哪怕是做得很糟糕也要去做。

方式61 善待兄长，视兄长为长辈

关键词：沟通方式·亲友沟通·与兄长沟通

适用情境：当不知如何处理好与兄长的关系时，可查看此方式。

兄长是你的同辈，但他一定是吃了比你多的饭、见了比你多的事、经验比你更丰富的同辈。不管大事小情，一般都要与他商量，争取他的同意。此时，大哥也知道他在家里的位置，因此，常常在弟妹面前摆出一副大人的姿态，出言果断，一言九鼎，不容置疑。所以，如何处理好与兄长的关系，这里还是有一定技巧的。

1.要视其为长辈，多一些理解。在弟弟或妹妹面前，做兄长要有做兄长的威严。这是他的“特权”，你不要以为他在故意压你，这没有什么可别扭的。旧时，长子就是日后的一家之主，于是在无形中从小便形成一种权威感和责任感，在生活的各种压力面前，他也总是把所有弟妹的前途、命运、婚嫁等放置于心上。也就是说，兄长为弟弟妹妹操的心并不比父母亲少，他们认为这是他们应该做的，也是他们心甘情愿做的。作为兄弟或妹妹要理解他们的这份良苦用心。

兄长有时在外面遇到不开心的事，可能会把坏的情绪带回家里，甚至会找个小茬冲着弟弟妹妹们发火。弟弟妹妹们要理解他的苦衷，切忌无所顾忌地跟大哥大吵大闹，这样既伤和气又伤感情。

2.要多一些请教，听取他们的建议。作为年长的大哥，在为人处事、待人接物等方面肯定比我们要经验丰富，因此，在遇到麻烦或让你焦头烂额的事情时，听听大哥的意见也许会让你茅塞顿开。说不定这件让你眉头紧锁的事，正是他以前所经历过的。在他的指点下，你就会很快拨云见日，抛掉那些烦恼。

3.尽可能地与长兄分享你的快乐。因为他是大哥，弟弟或妹妹在很多时候都会把自己的苦恼向他们倾诉，可是遇到高兴的事时却忘了这位大哥。大哥也是血肉之躯，也喜欢听甜言蜜语或快乐消息。因此，不要吝啬，把你的喜悦也拿来同大哥一起分享，他的快乐表情可能会胜过你的。

对于兄长，尽量地尊敬、体谅、善待，只有这样，才能与兄长很好地沟通！

方式62 用宽广的胸怀拥抱弟弟妹妹

关键词：沟通方式·与弟妹沟通·和谐相处

适用情境：当弟妹像不懂事的孩子一样撒泼耍赖、不听话，对家庭沟通持抵触情绪时，可运用此方式。

作为家里的哥哥或姐姐，在弟弟妹妹们的眼里，还是大人。弟妹们有时会像崇拜明星一样崇拜哥哥姐姐，有时也会像不懂事的孩子一样撒泼耍赖、不听话，对家庭沟通持抵触情绪。那么，作为兄长或大姐的你，如果遇到这种情况的困扰，该怎么做呢？

作为比他们大的哥哥姐姐，你首先要向弟弟妹妹展示出你宽广的胸怀。既然是兄长或大姐，就应该把弟妹当成自己的孩子。小的时候，很多哥哥或姐姐在弟妹心中的形象都是高大、不可征服的，弟弟妹妹总像跟屁虫一样跟在你的身后，任你大吼大叫，就是不肯离开。长大后，虽然不再做跟屁虫，但任性、耍小脾气还是时有发生。大哥大姐这时就要根据情况来对待弟弟妹妹的这种态度。善意的恶作剧可以原谅，但纯粹是无理取闹、违背原则的行为一定要加以制止。制止的方法也不能过激，要用循循善诱式的沟通进行说服教育，不要用蛮横的咆哮使其妥协。

其次是放下架子，与弟弟妹妹们做朋友。不要以为自己是哥哥或姐姐就总是以一副高姿态出现在他们的面前，总让他们对你望而生畏。你要像对待你的同龄伙伴一样来对待他们，打消他们对你的畏惧感，这样不管他们遇到了什么事，高兴的或是悲伤的，都会愿意与你一起分享或让你与他们一起分担。

再次是要尊重弟弟妹妹们的人格，避免当着很多人的面批评他们。不论是哥哥或姐姐，当弟弟妹妹犯错误时，总是想摆出一副长辈的架式来教训他们，当然，如果是在家里，他们也许会接受你的批评，低首认错；但在外人面前就不一样了。在你的眼里，他们是你的弟弟或妹妹，你教育批评他们无可厚非；但如当众指责他们，则会给他们造成很大的心理压力，认为你不给他们面子，故意耍威风，从而会对你产生敌意，不愿意与你沟通，如此一来，你们的感情就受到影响了。

兄弟姐妹之间很好地沟通，还有很多其他方式，如相互信认、尊重各自的隐私等，不论你采取哪种沟通方式，只要大家能够和谐相处，不伤害感情，就完全可以采用。

方式63 亲戚之间遵循规律，融洽相处

关键词：沟通方式·与亲戚沟通·融洽相处

适用情境：不知道如何与亲戚相处时，可运用此方式。

所谓亲戚，就是大多有血缘或亲缘关系的人，这种特定的关系决定了人与人彼此之间联系的亲密性。这也是人脉资源中的重要一脉。因此，是否能够与亲戚融洽相处就显得尤为得要了。

其实，亲戚关系和其他关系一样，也存在着一定的沟通交往规律，遵循了这些规律，彼此的关系就会越来越亲密，相反，如果你违背了这些规律，亲戚之间也是会互相倾轧的。

那么，亲戚之间在互相交往时，应注意些什么问题，才能使彼此关系更加融洽呢？

1.不要居高临下或强人所难。亲戚之间虽然辈分有大有小，但是，无论长辈还是晚辈，都应当相互尊重，平等对待。特别是在彼此之间有地位、职务差异的情况下，更应该如此。就亲戚而言，财大的、地位高的人对于比不上他们的那些亲戚是相当有吸引力的。因为他们总是希望从地位高的一方那里得到一些帮助，同时，在他们提出自己的请求时，又怀有极强的自尊心。在这种情况下，如果地位高的一方对于来求助他的亲戚表示出不欢迎的态度或有所怠慢，那就很容易伤害对方的自尊。

2.要把握一定的距离。“亲戚越走越亲”，这句话只是说说而已，万万不能把亲戚都当成直系亲人看待。亲戚之间由于血缘关系，也有远近之分，有密切程度上的差别。因此，在相处中要注意把握好分寸。“亲戚越走越亲”只能算是情感沟通的一般原则，不是行为原则。如果你把情感原则当成行为原则，就是在烦亲

戚,在找亲戚的麻烦。这样的沟通意愿,几次过后就会让亲戚感到害怕。

3.串门不要长时间不走。在过去,走亲戚时在亲戚家住上一年半载都是不成问题的。现在就有很多的不便了。大家都有工作,都有自己的生活习惯,住的时间过长,矛盾就会暴露得越多,当然摩擦也就会越多。还有的人到亲戚家做客不是客随主便,而是任由自己的性子来,这就给主人带来很多的麻烦,也会给彼此带来不快,容易造成矛盾。

4.在亲戚家做客时不能太随便。比如,有的人有睡懒觉的习惯,每天要睡到太阳升得老高时才起床,他们到亲戚家也不改自己的毛病,任由自己的睡意随便去睡。主人要照顾他,又要上班,时间长了就会影响主人的工作和生活的正常秩序,进而影响到彼此的关系。还有的人到了亲戚家里,烟头到处扔。主人一开始可能是碍于情面不好意思说,可是日子长了,摩擦就随着矛盾的加深而产生了。

因此,在与亲戚沟通中也要注意优化自己的行为方式,如果方式不当,同样会得罪人。

方式64 朋友之间保持距离,把握尺度

关键词:沟通方式·与朋友沟通·把握尺度

适用情境:与朋友相处很难把握分寸时,可查看此方式。

千里难寻是朋友,朋友多了路好走。世界上最难得的是朋友之间的友情。每个人都想拥有更多的朋友,可是,有的人却没有几个朋友,自己的心中很是苦恼;有的人身边有很多朋友,有时大事小事都有朋友为他跑前跑后的忙碌,与朋友们在一起时,其乐融融。这些情况就是每个人处世交友的不同方式造

成的，所以，我们一定要掌握好与朋友沟通和交流的尺度。

1.与朋友沟通要以尊重为前提，不要强求对方做不情愿做的事。有些人认为，朋友就是要互相帮助，因此就养成了支使朋友的习惯，认为自己和对方已经是朋友了，所以就没有什么可介意的了。如果你真的这么认为，那就是大错特错了。

朋友之间有时确实是不分彼此，但那要分清是什么事，如果是对自己和朋友都有益的事，当然可以请他来帮忙；如果是可能会对朋友造成不良影响的事，千万不要强求他去做，那样会伤了朋友之间的和气，更严重一些，甚至会造成朋友关系的终止。

2.与朋友沟通时要注意适度的原则。“朋友就是无话不说”这是对朋友关系理解的误区。朋友也是要分亲疏远近的。比如一般朋友和亲密朋友，在沟通时就要有所区别。亲密的朋友一生交不了几个，姑且可以“放肆”一些。但人们平常接触的大多数是一般朋友，就不可以与亲密朋友同日而语了。对于一般朋友，在说话上你都要掌握好分寸。古人说：“买货看货色，说话分场合”就是这个道理。有时，一句幽默的话可以巧妙地解决掉一些事情，又不会伤了彼此的和气。

3.多把赞美词献给朋友。心理学家们认为，每个人都有一种期待接受赞美的倾向。由“不打不相识”而最终形成为朋友的很少，真正的朋友关系很少会是在互相指责中形成的。多用“赞美”来引导沟通，是好事，但一定要撑握好这个“度”，过度的赞美只会招来朋友的反感；另外，你自己在听到朋友的赞美时，也不要沾沾自喜，中国人讲究谦卑，所以即使是在朋友面前，也应该收敛一点为好。

4.对朋友要讲信誉。“友间无欺”是一种交友理想。我们中华民族的处世之道，没有比诚笃守信、取信于人更为重要的了，朋友关系又何尝不是如此呢？

5.善于处理与朋友之间发生的摩擦。所谓“人无完人”，既使和朋友之间关系处得再要好，时间久了，也难免会发生一些小的摩擦。亲兄弟还会红脸打架呢，何况是朋友了。朋友之间发生摩擦并不可怕，可怕的是摩擦过后继续堵气，较劲，互不认错，拒绝沟通。长此以往，彼此的朋友关系就会出现裂痕。我们讲究待人要宽容，对朋友更应该如此，有了宽容的风度，你才会在与朋友产生完摩擦后主动向朋友示好，找朋友道歉。学会道歉是保持朋友关系的重要手段。

与朋友的沟通和交流，是一门复杂的学问，一门深奥的艺术，要学会从各个角度去分析和判断。

第九章

上司沟通

如何获得领导支持

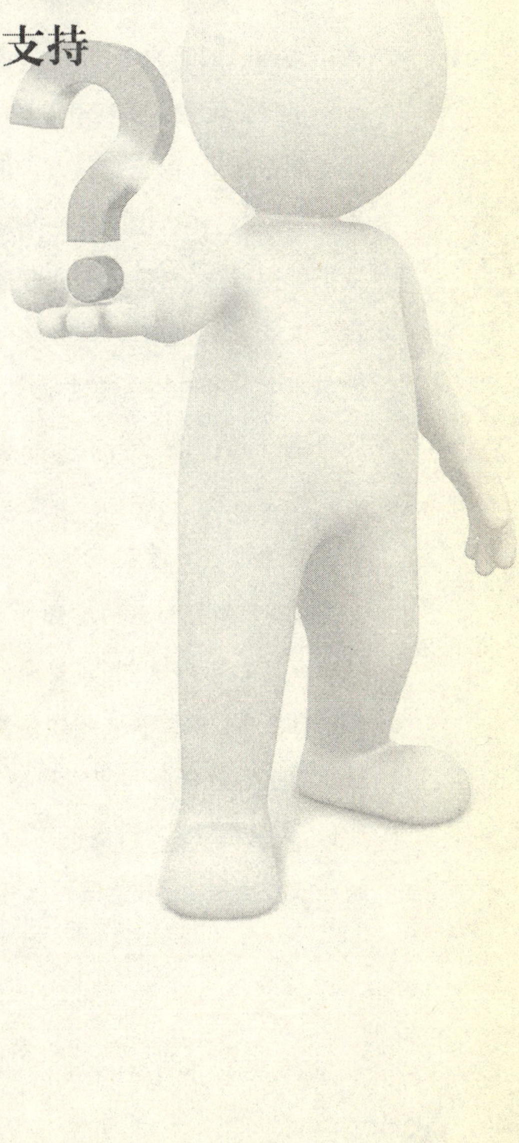

职场中除了要努力工作外，你还必须要处理好人际关系，特别是处理好与领导的关系。如果无论你如何努力，上司都“视而不见”的话，那就说明你与领导的沟通出问题了。

方式65 提前做好准备，把握说话分寸

关键词：沟通方式·与上司沟通·准备工作

适用情境：当要与上司沟通时，可查看此方式。

与上司相处，无论是请示工作、汇报工作，还是提建议、商讨问题，都涉及言语沟通。如果你信口开河、说话没分寸，那就会在他的心目中大跌“分数”。

小王分配到机关工作，本是件令人开心的事儿，但是上班几个月来，小王却感到很郁闷，由于自己口舌拙笨，总是让领导不高兴。一次，奔丧回来的张主任来到办公室，小王马上站起来安慰上司说，听说您的岳母大人被车撞死，我们都很难过，希望你节哀顺便。张主任脸色阴沉地走出办公室。同事们对他说：“怎么能如此直言不讳呢，这就好比重新揭开领导心里的疮疤，他能有好脸色吗？”一个下午小王都闷闷不乐，下班时见到张主任，招呼也不敢打，低头闪身而过，仿佛做了什么亏心事。

可见，与上司说话一定要注意分寸，不能张口就说，具体地说，与上司谈话时应注意以下几点。

1.事先做好充分的准备

在与上司沟通之前，要充分了解自己所要说的重点，简练、扼要、明确地向领导汇报。如果有些问题是需要请示的，自己心中应有两个以上的方案，而且能向上司分析各方案的利弊，这样有利于上司作决断。为此，事先应当周密准备，弄清每个细节，随时可以回答，如果上司同意某一方案，你应尽快将其整理成文字呈上，以免日后上司又改了主意，造成不必要的麻烦。

2.在态度上，必须不卑不亢

对上司应当尊重，你应该承认，上司有强过你的地方，或者才干超群，或是经验丰富。所以，对上司要做到有礼貌、谦逊。但是，绝不要采取“低三下四”的态度。绝大多数有见识的上司，对那种一味奉承、随声附和的人，是不会予以重视的。在保持独立人格的前提下，你应采取不卑不亢的态度。在必要的场合，你也不必害怕表示自己的不同观点，只要你是从工作出发，摆事实、讲道理，上司一般是会予以考虑的。

3.尽量适应上司的语言习惯

你应该了解你上司的个性。他固然是上司，但他首先是一个人，做为一个人，他有他的性格、爱好，也有他的语言习惯。如有些人性格爽快、干脆，有些人沉默寡言。尤其上司都有一种统治欲和控制欲，任何敢于侵犯其权威性的行为都会受到报复。既然他是上司，所以你必须适应这一点。

4.选择适当的时机

上司一天到晚要考虑的问题有很多，你应当根据自己问题的重要与否，选择适当时机去反映。假如你是为个人琐事，就不要在他正埋头处理事务时去打扰。如果你不知上司何时有空，不妨先给他写张纸条，写上问题的要点，然后请求与他交谈，或写上你要求面谈的时间、地点，请他先约定。这样，上司便可以安排时间了。

5.有时要主动

很多人在上司面前表现得躲躲闪闪，生怕和上司多说一句话，更谈不上推心置腹的交谈。这样做的同时把上司了解你的大门也关上了，其他的一切皆无从谈起。这是一种人际交流的恶性循环。作为下属，可以积极主动地与上司交谈，渐渐地消除彼此间可能存在的隔阂，使上下级关系相处得正常、融洽。当然，这与“巴结”上司不能相提并论，因为工作上的讨论及打招呼是不可缺少的，这不但能消除对上司的恐惧感，而且能使自己的人际关系圆满，工作顺利。

6.提出问题之前要先替上司考虑

有些人明知客观上不存在解决问题的条件，却一定要去找上司，结果造成了不欢而散的结局。

7.向上司报告一定要有根有据

任何一位上司都不会喜欢无根据的臆断与猜测的话语。美国广告大王布鲁贝克年轻时，他所在公司的经理问他："印刷厂把纸送来没有？"他回答："送过来了，共有五千令。"经理问："你数了吗？"他说："没有，是看到货单上这样写的。"经理冷冷地说："你不能在此工作了，本公司不能要一个连自己也不能替自己作证明的人来工作。"经过这次挫折以后，布鲁贝克重新审视了自己说话做事的方法，并深刻认识到只有依据自己确认的事实来讲话办事，才能与上司增加信任的尺度，进而建立自己在众人中的信誉度，使自己获得成功。

方式66 适当展示自我，让上司刮目相看

关键词：沟通方式·与上司沟通·展示自我

适用情境：想要上司重视你时，需运用此方式。

上司都希望自己的下属才华横溢，能够为自己做出成绩，可是如何才能让上司看到你的才华呢？需要为自己搭建一个表演的舞台，在这里，与上司的沟通就显得至关重要。你要通过沟通，运用恰当的语言，让你的上司知道你的工作能力与真才实学。除非在那些人人都一心想着踩着别人的肩往上爬的官僚机构，你的能力才会受到上司的挤压。只要是真正重视人才的企业，上司对善于表现的下属是不会熟视无睹的。

所以，作为下属，不仅工作态度要认真，更重要的是你的沟通能力，要争取让自己的才能得到上司的认可，受到上司的器重。比如在商界，这是个讲求

效率的世界，如果你对上司持畏惧心理，事事谨小慎微，如履薄冰，那就很难提起与上司沟通的欲望，不能与上司沟通的下属，如何让上司相信你的才能？上司不知道你的才能，又如何器重你呢？

通过沟通充分展示自己，让上司对你“刮目相看”，这样可以轻松打通你与上司之间良好关系的路径，不过，要获取这条路径，就要经过一番苦心的沟通训练。

1.在自我素质上，要养成认真对待工作的习惯。即对于上司交给的任务，要圆满完成。如果你被上司认定是工作不紧不慢、萎靡不振，只会在上司面前说恭维话，那么你作为这位上司的部下，就永远没有出头之日；只有你干出真实的成绩，又能施展自己的口才，在上司面前提一些改进工作程序的建议，才能让上司认为你是一个了不起的人。

2.练就良好的领会能力，即在上司一举手、一投足之中，领会其真正的意图。很多上司不喜欢啰唆地下达他的指示，善于领会上司的意图，去执行就是了。能正确地领会并执行上司的意图，表明你是一个精明果断的下属，因而更易引起上司的好感。如果一件事情需要上司反复交代几次，直到最后上司明确说出他的意图时你才“茅塞顿开”，那么你给他的印象就不太妙了。

3.在向上司汇报工作时要简洁明了，不要婆婆妈妈，把意思表达清楚就能取得最好的沟通。上司在听取你的汇报时，同时也在考察你的工作能力和工作作风，而不是听你长篇大论，一句话掰两句话甚至几句话说，上司的耐性被你耗光了，对你还能产生好感吗？

4.可以适度地展示自己尚未被发现的能力，但不要轻易对上司做口头许诺。当上司交给你某一项任务时，这件事你还没有做，你自己也不知道能否在规定的时间内完成，如果你满口答应说“保证完成任务”，而最终又没有实现你许下的诺言，那么上司对你的信任感就会大大减弱。

方式67 顺着上司的意愿讲话

关键词:沟通方式·与上司沟通·说话

适用情境:希望获得上司的欣赏时,可运用此方式。

上司在作决策时,往往是经过深思熟虑的,因此当他作出决策后,很需要别人特别是下属的认可和尊重。

不管你职位多高,你都不能忘记一点:你的工作是协助上司完成决策,而不是制定决策。因此,上司的决定,即使不尽如你意,甚至和你的意见完全相悖时,你也得低头顺从。

大多数上司都希望自己的下属充满活力与冲劲,而不会希望下属暮气沉沉,像个机器人。执行上司的决策,并不表示你是一个毫无主见的下属,也不表示你将失去工作中的活力。但你应该知道,表现在工作上的活力与冲劲,一定要符合上司的理想与要求。否则上司会认为你不够成熟,做事情不思考,自然也不敢把重要的工作交给你。

响应是维护领导权力的最好方式。在决策未定型前,你可以向上司提建议,发表不同看法;决策一旦出台,你就要去执行,哪怕你认为这个决策或决定有问题。你去做了,即使做错了,领导也不会怪你;反过来情形就不一样了。

在下面这个例子中,下属就做了一件吃力不讨好的事情。

"糟了!糟了!"王经理放下电话,就叫了起来,"那家便宜的东西,根本不合规格,还是原来陈老板的好。"他狠狠捶了一下桌子,"可是,我怎么那么糊涂,写信把他臭骂一顿,还骂他是骗子,这下可闹僵了!"

"是啊!"秘书李小姐转身站起来,"我那时候不是说吗?要您先冷静冷静再写信,您不听啊!"

"都怪我在气头上,以为这小子一定骗了我,想多赚我的钱。"王经理来回踱着步子，指了指电话说，“把电话给我，我亲自打过去道歉！”

秘书一笑，走到王经理桌前，说：“不用了！告诉您，那封信我根本没寄。”

“没寄？”

“对！”李小姐笑吟吟地说。

“嗯……”王经理坐了下来，如释重负。停了半晌，又突然抬头说：“可是我当时不是叫你立刻发出去吗？”

“是啊！但我猜到您会后悔，所以压下了。”李小姐转过身，依然笑着说。

“压了半个多月？”

“对！您没想到吧？”

“我是没想到。”王经理低下头去，翻记事本，“可是，我叫你发，你怎么能压？那么最近发南方的那几封信，你也压了？”

“我没压。”李小姐高兴地说，“我知道什么该发，什么不该发……”

“是你做主，还是我做主？”没想到王经理居然霍地站起来。

李小姐呆住了，眼眶一下就湿了。她颤抖着说：“我，我做错了吗？”

“你做错了！”王经理斩钉截铁地说。

一个自作主张的职员，哪怕有时是对的，也很难得到主管的欣赏。

如果认为听从上司的话，顺着上司的意思去工作，就是逢迎、拍马屁，而只按自己的想法去做，那么这个团队将会成什么样子？不响应上司的决定，没有统一的大局观念，没有制度的约束，做什么事情都是各人随心所欲，不用想也知道，用不了多长时间这个公司就会垮掉。

作为下属，一定要把这个问题搞清楚，按上司的旨意办事，你才能跟上司和谐相处。

方式68 被上司误解时要耐心解释

关键词：沟通方式·与上司沟通·被上司误解

适用情境：当被上司误解时，可运用此方式。

被上司误解，或许你很委屈，但委屈解决不了问题，你得想办法与上司进行沟通，妥善处理上司对你的误解。

李杰是三年前从基层调到宣传部的，方部长是一个求才若渴的人，见李杰在报纸上发表的文章文笔不错，就多方跑动，终于将这个人才网罗到自己的麾下。几年后，由于李杰精明能干，厂里调他到厂办公室工作，厂办主任也很喜欢他。

过了不久，李杰忽然觉得，方部长似乎对自己有点看法，关系好像渐渐疏远了。经了解，才知道原来方部长和厂办主任之间有隔阂。方部长认为，李杰已经是厂办主任的人了，有点忘恩负义。误解的形成很简单。一次下雨，中层干部开会，李杰拿着雨伞去接上级，只发现雨中的厂办主任，却没看见站在门口躲雨的方部长，这样，雨中送伞就送出误解来了。

盛怒之下，方部长对信得过的人说，怪他当初看错人了，没想到李杰是一个见利忘义的人。时间不长，话终于传到李杰的耳朵里了，他这才意识到自己已经被误会，问题严重了。

怎么办呢？李杰真的有些为难了。他经过反复思考后，是这样处理的：

每当有人说起自己与方部长的关系时，他总是不承认两个人之间有矛盾。这样做可以一方面向方部长表明自己的人品；另一方面可以制止误解继续扩大，便于缓和与方部长的关系。

李杰和方部长在工作中经常打交道，他总是先向部长问好，不管对方理不理，脸上总是笑呵呵的。逢到工作上的宴请时，一起招待客人，李杰总是斟满酒杯，当着客人的面向方部长敬酒，并公开说明是方部长培养和提拔自己，自己才有了今天的长进。李杰的感激与态度，不仅是一种对客人的介绍，更重要的还是一种心灵道白，表示了自己并非忘恩负义的小人，最后，方部长终于和李杰和好如初。

在多个上司手下工作，如果不注意自己的言行，说不定会在不经意中得罪某位上司。假如是上司误解了你，你就要想办法消除误解。不然的话，会不利于你的工作。

我们总结了一下，与上司进行良好的沟通，消除上司的误解，要从以下六个方面努力。

(1). 极力掩盖矛盾。如果上司误解了你，与你产生了矛盾，你在其他同事或上司面前，要尽力掩盖这件事，不要让所有人都知道你与某个上司有矛盾，以免他们把这件事传得沸沸扬扬，使事态扩大化。

(2). 在公开场合注意尊重上司。即使上司误解了你，在公开场合仍要尊重他。见面要主动打招呼，不管他的反应如何，你都要微笑着和他讲话，使他意识到你对他的尊重。这样，他对你的误解便会慢慢消除。

(3). 背后注重褒扬上司。虽然上司的误解使你不舒服，但为了搞好与他的关系，在背后不应讲他的不是，而应经常在背地里对别人说他的好处。这样可以通过别人之口替自己表白真心。假若对方知道了你在背地里褒扬他，肯定会高兴的，这样更利于误解的消除。

(4). 上司遇到困难的时候帮他一把。谁都有遇到困难的时候，如果此时你不是隔岸观火，看上司的笑话，而是挺身而出，帮他一把，使他摆脱困难，一定会令他大为感动的。

(5).找准机会尽释前嫌。待上司对自己慢慢又有了好感之后，可以找一个合适的机会，请教上司在哪些方面对自己有看法。弄清了上司误解的原因后，你可以耐心地向他做解释，证明你并不是有意的。只要你是坦诚的，上司就不会不接受你的解释。

（6）. 经常加强感情交流。误解消除后，并不是就万事大吉了。如果刚消除掉上司的误解，你对上司的态度就变得不冷不热，会使上司认为你是在欺骗他，反而更加深了他对你的误解。这时，你不能掉以轻心，而应趁热打铁，经常找机会与上司进行情感交流，培养你们之间的友谊。

方式69 被上司错怪，以“忍”为上

关键词：沟通方式·与上司沟通·被上司错怪

适用情境：当被上司错怪时，可运用此方式。

在日常的工作中，很可能会出现这样的情况，某件事情明明是上司耽误了或没有处理妥当，可在追究责任时，上司却指责你没有及时汇报，或汇报不准确。

例如，在某机关中就出现过这样的事：部里下达了一个关于质量检查的通知，要求全省、地区的有关部门届时提供必要的材料，准备汇报，并安排必要的检查。某市轻工局收到这份通知后，照旧是先经过局办公室主任的手，再送交有关局长处理。这位局办公室主任看到此事比较急，当日便把通知送往主管的某局长办公室。

当时，这位局长正在接电话，看见主任进来后，只是用眼睛示意一下，让他把通知放在桌上即可。主任照办了。然而，就在检查小组即将到来的前一天，部里来电话告知到达日期，请安排住宿时，这位主管局长才记起此事。他气冲冲地把办公室主任叫来，一顿呵斥，批评他耽误了事。

在这种情况下，这位主任深知自己并没有耽误事，真正耽误事情的正是这位主管局长自己。可主任并没有反驳，而是老老实实地接受批评。事过之

后，他又立即到局长办公室找出那份通知，连夜加班、打电话，很快把需要的材料准备齐全了。从此以后，局长也愈发看重这位忍辱负重的主任了。

为什么他明明知道这件事不是他的责任，而又闷着头承担这个罪名呢？很重要的一点就是，这位主任知道，必要的时候必须甘心为上司背黑锅。这样，尽管眼下自己会受到一点损失，挨几句批评，但到头来，自己仍然会有相当大的好处，事实证明，他的想法和做法是正确的。

那么，是不是在上司错怪了自己之后，都不要去申辩呢？

当然不能简单地下这样的结论。如果我们仔细地分析上述例子，便可以发现，局长之所以如此责怪主任，主任之所以不能申辩，是因为事关局长自己本身。假如事情不是这样，那就另当别论了。这里，至少有以下几种情况：

首先，如果事情与上司本人的工作没有直接联系，而只是涉及到一般工作，特别是与自己的责任直接相联系的话，则可以大胆地进行申辩。

其次，如果是一些十分严重的恶性事故，是某种造成较大的经济损失或政治影响的事故，则不管怎么样，都应该为自己据理申辩。这里已经不存在情面和技巧的问题。如果你仍然为顾全上司的面子而把苦果往自己肚子里吞，其后果是不堪设想的。

再次，在涉及触犯国家法律的事情时，也应该毫不客气地、实事求是地进行有力的申辩。在这种情况下，如果你还要为上司或某人掩饰，就只能是害了自己。而且，在法律面前，谁也不可能徇情保护你，也不要寄希望于那些虚假的承诺。

最后，如果是某些人为了推卸责任而往你身上栽赃，或者是有人对你有意见而故意向上司打小报告，陷害你，那么，你完全可以进行申辩，以有力的事实向上司说明真实的情况，并揭露那些心术不正之人的诡计。否则，你只能是吃哑巴亏。

如果你觉得有必要予以申辩，使用的语言和态度如何是十分重要的。对此，除了考虑到当时上司的心情以及上司的性格特点与工作方式外，非常重要的是，你切不可表现出一种蒙受冤枉的委屈状，而应该表现出一种非常豁达的态度。首先肯定对方也许是无意中错怪了自己，这样，便给对方一个很好的台阶，以便于改变其观点。另外一点是，在申辩过程中，最好是多用事实讲话，用事实证明自己没错，而不要直接地用语言表示自己没有责任。最好是避免在语言中出现“不是我的错”、“我没有责任”等话，以免直接地刺激对方，使对方产生强烈的抵触情绪。

还要注意的是，在一些小事情上，特别是没有太大关系的事情上，被上司错怪了，就采用“忍”的策略为佳，大可不必去申辩。因为，上司的心里也总是希望大事化小，小事化了，不希望出现大乱子，希望大家都听他的。如果你为了一点小事便不厌其烦地为自己申辩，以致给上司造成过多的麻烦，那么尽管你的申辩是正确的、有力的，其客观效果也不会好，这些都会使上司讨厌你，认为你心胸狭窄，斤斤计较。

方式70 与上司沟通注意运用语言技巧

关键词：沟通方式·与上司沟通·语言技巧

适用情境：想要轻松自如地与上司沟通时，可查看此方式。

在职场上，当然需要熟练的技能和辛勤地工作。但单靠这些，不一定就能出人头地，不一定就能让上司器重。有经验的人都知道，要得到上司的好评，不仅要干得好，还要与上司有良好的沟通，懂得在关键时刻说恰当的话，让上司喜欢你，避免麻烦事落到自己身上。

以沟通技巧来帮助自己处理棘手的事务等，会让你工作轻松，名利双收。通过总结，有以下七个句型，在职场沟通中非常适用，我们不妨记住并加以灵活运用。

1."我们似乎碰到了一些状况……"这是以最婉约的方式传递坏消息的句型。你刚刚才得知，一件非常重要的工作出了问题，如果立刻冲到上司的办公室报告这个坏消息，就算不关你的事，也会让上司质疑你处理危机的能力，弄不好还惹来一顿骂，把气出在你头上。此时，你应该以不带情绪起伏的声调，从容不迫地说出本句型，千万别慌慌张张，也不要使用"问题"或"麻烦"这一类的字眼；要让上司觉得事情并非无法解决，而"我们"听起来像是你将与上司站在同一阵线，并肩作战。

2."我马上处理。"这是在上司传唤时，责无旁贷地接受的句型。冷静、迅速地作出这样的回答，会令上司直觉上认为你是名有效率、听话的好部下；相反，犹豫不决的态度只会惹得事务本就繁重的上司不快。

3."小孙的主意不错!"这是表现出团队精神的句型。小孙想出了一条连上司都赞赏不已的绝妙好计，你应该真诚地给予赞美。在这个人人都想争着出头的社会里，一个不妒嫉同事的部下，会让上司觉得此人本性纯良、富有团队精神，因而会对你另眼看待。

4."这个报告没有你不行啦！"这是说服上司帮忙的句型。有件棘手的工作，你无法独自完成，非得找个人帮忙不可，于是你找上了对这方面工作最拿手的上司。怎么开口才能让人家心甘情愿地助你一臂之力呢?送高帽，并保证日后必定回报，而上司为了不负自己在这方面的名声，通常会答应你的请求。不过，将来有功劳的时候千万别忘了上司。

5."让我再认真想一想，四点以前给您答复好吗？"这是巧妙闪避自己不知道的事时用的句型。上司问了你某个与业务有关的问题，而你不知该如何作答，千万不可以说"不知道"。本句型不仅能暂时为你解危，也会让上司认为你在这件事情上很用心，所以才一时之间不知该如何启齿。不过，事后可得做足功课，按时交出你的答复。

6."我了解这件事很重要，我们能不能先查一查手头上工作，把事情排出个优先顺序？"这是不着痕迹地减轻工作量的句型。有些工作你干不了，不如当下就推辞。首先，强调你明白这件任务的重要性，然后请求上司的指示，为新任务与原有工作排出优先顺序。不着痕迹地让上司知道你的工作其实很重要，若不是非你不可的话，有些事就得延后处理或转交他人。

第十章

下属沟通

如何获得下属拥戴

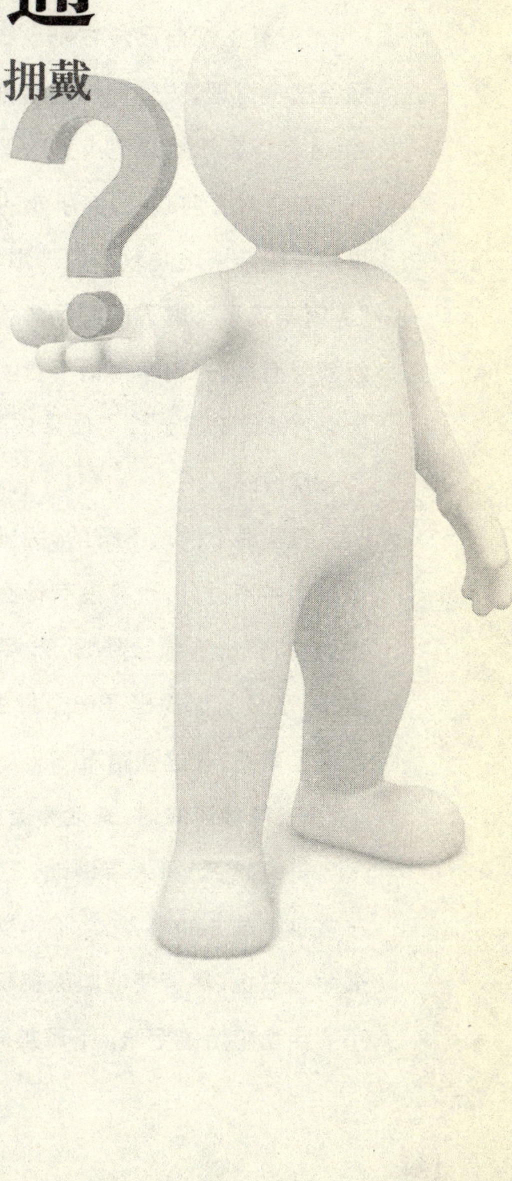

古人云："敬人者，人恒敬之。"要得到下属的拥护和支持，就必须在沟通中体现出对下属的尊重。因为下属是自己的成绩表，没有下属的表现，自己再能干也没用。

方式71 与下属沟通，首先要尊重下属

关键词：沟通方式·与下属沟通·尊重下属

适用情境：要想让下属对你心悦诚服，在与下属沟通时，需运用方式。

"只有先把自己放在别人脚下的人，别人才会把你捧在头上"，睿智的人懂得这个道理，说话时常会替对方着想；愚昧的人为了炫耀自己比对方了不起，才会以言语贬损他人为乐。

在与对方沟通时，你所处的地位比对方高，更要格外留意说话的口气。如果校长能亲切地向教师说"你们的方法真棒啊"，经理在体恤员工时能说声"大家辛苦了"，客人能向服务生说声"麻烦你了"，岂不令听者心情为之振奋？对领导而言，一句客气话不费吹灰之力，却能达到百利无一害的效果，你何不为之？即使下属为你工作是应尽的义务。然而一句客气话却能使他们对你更为心悦诚服。

有些话不说是不行的，关键是委婉、诚恳，尽量减轻对下属的打击。有些话虽然并不过分，也并没有什么不正当的意图，但当领导的还是很难说出口。比如说，告诉下级被降职了，解雇了；下级辛辛苦苦拟好的计划书，却被你否定了；下级向你提出了一个好的建议，而你却由于疏忽大意或工作过于繁忙忘记了审阅，在这些情况下，你该如何与下属沟通？

一、降级通知时，说话要委婉

有时候，公司人事调动，下属被降级，或是调到分公司，或是委派他去干一些棘手难办的事，总之不再受到领导的重视。领导这时有责任通知他，并且要耐心安抚，尽量使他能保持积极愉快的心情前往新的岗位就任。千万记住：不要用伤感情的字眼。下属被降职，心里本来就已经非常不痛快了，领导再用

词不当，甚至恶意嘲讽对方，无异于是给下属火上加油。

二、变更计划时，说话要委婉

更改已经通过的计划，如何向下属说明？这种情况，万万不能对下属说："不关我的事，都是经理一人说了算，我也没办法！"这样把责任转嫁给上级，自己暂时没有问题了，但却会使对方对经理产生怨气。或者，一旦下属明白你是在推卸责任，肯定会对你产生极大的反感，你自己的威信也肯定会受影响。

也不可为了防止下属反对，而用高压手段制止对方开口。这样做会使下属心里留下疙瘩，对你不满，也会对工作不满。所以用高压手段是最不明智、最不可取的做法。

正确的方法应情理兼容，善意地说服下属，才能使对方真正地心服口服，不会丧失工作的积极性。

三、提案被耽误时，说话要委婉

作为领导，应该重视下属的提案，尽管这提案没有可操作性，也不可伤害下属的积极性。有的上司满口答应"看一看"，而过了一段时间后，还是没有看。而下属既然递交了自己的提案，就希望得到一个圆满的答复，于是一些人会问领导："那个提案，您看过了吗？现在办得怎么样了？"

在这种情况下，作为领导应该直率地告诉下属："对不起，我这段时间很忙，实在没有时间细看，不过一周之内我会给你一个满意的答复的。到时候我再通知你。"

在约定时间之前，领导要主动答复下属。下属一定会被领导的主动热情所感动。尤其是如果答复是否定的，与其让下属追问理由，不如由自己主动找对方加以说明。表示自己的确认真对待了他的提案，是有诚意的，而不是草草应付了事。

如果提案需要递交更高一级的领导，而上一级的领导态度不明确，以至于没有确定结论时，此时领导最好能居中说明立场，表示自己已经递交给了上级，却久久没有回音，不得已催促上级时，所得答复却是否定的，这时要详细说明，千万不能敷衍了事。

方式72 认真倾听下属的每一句话

关键词：沟通方式·与下属沟通·倾听

适用情境：要调动下属的积极性、协调平衡好下属之间的关系时，需运用此方式。

社会知识更新快，充满竞争活力，很多年轻人在各行各业成为领导者和管理者，平日工作不仅仅是制订计划，进行决策，还要面对自己的下属。如何把任务安排下去、把意见处理好，如何调动大家的积极性、协调平衡好大家的关系等，都需要掌握一定的沟通技巧。

领导者、管理者要利用一切可利用的机会学习沟通技巧，机会愈多，成功的概率就愈大。以下提供几个有效沟通的行为法则。

1. 要有自信的态度

一般经营事业相当成功的人士，他们不会随波逐流或唯唯诺诺，他们有自己的想法与作风，但却很少对别人吼叫、谩骂，甚至连争辩都极罕见。他们对自己相当了解，并且自信。

2. 体谅他人的行为

这其中包含"体谅对方"与"表达自我"两方面。企业家柳传志在《联想为什么》中谈到："所谓体谅是指设身处地为别人着想，并且体会下属的感受与需要。在经营'人'的事业过程中，若自己想对他人表示体谅与关心，惟有自己设身处地为大家着想。那么由于你的了解与尊重，对方也相对体谅你的立场与好意，因而做出积极而合适的回应。"

3. 适当地提示对方

产生矛盾与误会的原因，如果是对方健忘，提示可使对方信守承诺；反之若是对方有意食言，提示就代表你并未忘记事情，并且希望对方信守诺言。

4. 有效地直接告诉对方

一位主管说："我在工作中与员工交谈，时常会以'我觉得'(说出自己的感受)、'我希望'(说出自己的要求或期望)为开端，结果常会令人极为满意。"

其实，这种行为是直言无讳地告诉下属你的要求与感受，若能有效地直接告诉你所想要表达的对象，将会帮助自己建立良好的职场人际关系，但要切记"三不谈"：时间不恰当不谈；气氛不恰当不谈；对象不恰当不谈。

5. 善于询问与倾听

询问与倾听的行为，是用来控制自己，不要以为自己是领导就可以侵犯他人权利。尤其是在对方行为退缩、默不作声或欲言又止的时候，可用询问引出对方真正的想法，了解对方的立场以及对方的需求、愿望、意见与感受，并且运用积极倾听的方式，来诱导对方发表意见，进而对自己产生好感。

一个人的成功，百分之二十靠专业知识，百分之四十靠人际关系，另外百分之四十需要观察力的帮助。因此为了提升个人的竞争力，就必须不断地运用有效的沟通方式和技巧，随时有效地与人接触沟通，只有这样，才有可能使你事业成功。

方式73 创造和培养主动进行沟通的环境

关键词： 沟通方式·与下属沟通·主动沟通

适用情境： 要使每个团队成员养成主动沟通的习惯时，可运用此方式。

在团队之中，每个团队人员都必须具备主动沟通的能力，因为通常这种能力会直接给公司带来利益。

不愿意主动进行沟通的人员通常会有以下几种：

1.主管人员未采取合适的沟通管理，导致沟通不畅。

2.个人因性格内向，导致不愿进行沟通。

3.自尊心较强，不愿意一遇到问题就进行沟通。

4.渴望具备更广阔的发展空间，遇到问题时喜欢自行解决。

5.没有问责制，工作上缺少主动性。

现在，企业内的工作安排，通常都是按照最初的系统框架设计或进行其他任务拆分，然后分给每个人员开始进行。在某一个阶段，任务通常都是并行的，整体任务为串行，但如果遇上进度紧、任务重时，也有可能会有进行并行任务的安排。这时，主管人员很难做到对每个任务的详细考虑，如此一来，势必会造成任务在执行的时候发生问题，这时非常需要任务承担人的主动沟通，不要隐藏问题或自行处理，或自行处理后，也要及时沟通。

如果你是一名程序员，遇到问题时自行解决，然后完成任务。当任务完成后，前阶段的问题将有可能产生你想象不到的影响，此时再协调，难度将会很大。因为此时的修正基本上都属于返工性质，无论公司还是具体人员，都会产生抵触。如果直接问责，也将会产生内部的矛盾。所以，要尽量在事前解决问题，事后再解决就晚了。

针对以上可能出现的问题，我们提出这样几点建议：

首先，建立良好的沟通模式，采用方便有效的共同沟通工具。在沟通模式中，至少需要一条可以独立进行沟通的渠道，不同的人员会喜好不同的沟通方式，但至少应该给每个人都提供一种独立和主管人员面对面沟通的机会；沟通管理工具应随团队所需，但至少应该有一个正式的沟通工具。沟通管理工具选择得当，可能会事半功倍。

其次，主管人员应该在沟通方面起到表率作用。作为主管，一定要有积极的沟通欲望，从而才有可能带动团队的沟通，如果主管人员都不渴望沟通，遇到问题也自行解决，那就此较容易产生问题了。

再次，主管人员应该对每位团队成员的反馈进行及时响应，无论你的事情再多、再忙，这种响应也是不可缺少的，否则会严重影响大家的积极性。这就好像你和别人说话，如果别人不理你，你会感到伤自尊一样。

最后，建立相互制约的管理制度，尤其是由两人以上进行任务的确认执行时，一定要通过不同的方式进行制约。

方式74 下属做出成绩时，要给予适当表扬和鼓励

关键词：沟通方式·与下属沟通·下属做出成绩

适用情境：下属做出成绩，要表扬下属时，需运用此方式。

为了认可下属的工作，鼓励下属的工作积极性，领导者、管理者在与下属进行沟通时，表扬是必不可少的。要注意，在表扬下属时要恰如其分，要掌握表扬用语的分寸，不能任意夸大情节，评价失实，随意拔高。对那些确实值得夸奖的人和事做到恰如其分地表扬能起到鼓励他人的作用。相反，如果你夸奖时随意把事实夸大，把下属的七分成绩说成十分，把下属本来很朴素的想法拔高到理想化的境界，评价失实，将可能产生消极作用。

比如，采矿工人在大年夜坚守岗位，仅一个大夜班采了二百六十吨矿石。虽与平常非节日的大夜班产量相比不相上下，但在大年夜能采出那么多的矿石，说明职工们工作热情高涨，放弃了在大年夜与家人团圆的大好日子而辛勤工作，也确实是件了不起的事情，是值得领导表扬的。

可是，有个矿业公司经理为表彰工人们的成绩，提高其他岗位工人的积极性，便张贴了一张《喜报》，上面写道："昨晚，采矿工人以矿为家，发扬了无私奉献的精神，大夜班出矿三百二十吨，创我公司大夜班出矿历史最高纪录。"

像这样的浮夸，只会造成被表扬者产生盲目自满情绪，误以为自己真有夸大的那么好，也会造成其他人的逆反心理。因为人们崇敬的是实实在在的楷模，而不是人为拔高了的典型。对于名不符实的样板，人们会由不服气到反感而生厌。另外，此种浮夸还容易助长人们不务实、图虚名的不良风气。

由此看来，夸奖、赞扬下属要实事求是。在职场中，领导对下属的夸奖是对其工作的肯定和认可，对于激励下属、树立领导威信具有不可替代的重要意义，是调节上下级关系的“润滑剂”，但要收其灵验之效，领导者首先要明辨是非，善别良莠，将自己的夸奖建立在事实根据的基础上。这样，“铁证”如山，大家才能心服口服，自觉效仿，上下级之间，同级之间关系也会保持和谐和团结。

对于领导者来说，要做到实事求是，论功行赏，首先必须掌握公正这一原则。不论是谁，只要他出色地完成了一项工作，甚至仅仅提供了一条有创意的思路，都应该给予表扬。相反，即使是“皇亲国戚，无功也不行赏”。也就是说，赞扬一定要坚持无私性、真实性，只有这样才能发挥赞扬的效力。

要想避免不着边际的浮夸，你还要掌握被夸者的起点。因为起点是一个人前途的开端。起点不一样，每个人的未来极限也会不一样。

一般地讲，起点高的人前途相对远大一些，起点低的人前途相对小一些。如果夸奖别人前途时无视一个人的起点，就很难把握夸奖的度。如果夸奖赞扬一个小商贩前途远大，将来定能成为一个百万富翁，别人就不敢接受，甚至认为你是痴人说梦。如果夸一位已四十出头仍在科长位置上奋斗的人将来没准会做局长，岂不让人难堪，倒还不如说他很快就能熬个处级职位实在一些。

对于起点低的人，可以稍高于他的起点来夸其前途，起点高的人可以直接夸其起点。比如：“小伙子这么年轻，又是北大的研究生，基础好，起点高，前途无量啊！”这样的夸奖有骨有肉，绘声绘色，并不令人感到虚无缥缈。

方式75 下属做错事，批评时要因人而易

关键词：沟通方式·与下属沟通·批评下属

适用情境：下属做错事，要批评下属时，需运用此方式。

根据人们受到批评时不同的反应，将人分为迟钝型反应者、敏感型反应者、理智型反应者和强个性型反应者。反应迟钝的人即使受到批评了也满不在乎；反应敏感的人，感情脆弱，脸皮薄，爱面子，受到斥责则难以承受，他们会脸色苍白，神志恍惚，甚至会从此一蹶不振，意志消沉；理智的人受到批评时会有很大的震动，能坦率的认错，从中汲取教训；个性较强的人，自尊心强，“老虎屁股摸不得”，遇事好冲动，心胸狭窄，心理承受能力差，往往明知有错，还死要面子，受不了当面批评，并且也不会轻易改正其缺点。

针对不同特点的下属要采用不同的批评方式，对自觉性较高者，应采用启发他做自我批评的方法；对于思想比较敏感的人，要采用暗喻批评法；对于性格耿直的人，采取直接批评法；对问题严重、影响较大的人，应采取公开批评法；对思想麻痹的人应采取警示批评法。在进行批评时切忌一视同仁，方法单一，死搬硬套，应灵活掌握批评的方法。

正确的批评要求细密周到，恰如其分，普遍性的问题可以当面进行批评，对于个别现象就应个别进行。另外，也可以事先与之沟通，帮他提高认识，启发他进行自我对照，使他产生“矛头不集中于‘我’”的感觉，主动在“大环境”中认错。

同时，批评时不可全盘否定，让其认为自己一无是处，犯的什么错误就应对其错误加以批评，使其及时改正，不可一概而论。

某单位为整顿劳动纪律，召开员工大会，会上领导说：“最近一段时间，我

们单位的纪律总体是好的，但也有个别同志表现较差。有的迟到早退，也有的在上班时间干私活……”

这里，用了不少模糊语言：“最近一段时间”、“总体”、“个别”、“有的”、“也有的”等，这样，既照顾了对方的面子，又指出了问题。没有指名，实际上又是指名，并且说话又具有弹性。

批评要通过提供多角度、多内容的比较，使人反思领悟，从而自觉愉快地接受批评，改正错误，这才是真正应关心的问题，也是提出批评指正的目的。

当下属犯下不可原谅的错误时，身为领导无可避免地要对其加以批评。胡乱批评起不了任何作用，且极易使部属产生逆反心理，认为上司性情暴戾，动辄发怒。

美国某公司有一位高级负责人，曾由于工作严重失误造成了五百万美元的巨额损失。为了此事，他心里十分紧张。许多人向董事长提出应把他革职查办，但董事长却认为一时的失败是企业家精神的“副产品”，如果能继续给他工作的机会，他的进取心和才智有可能超过未受过挫折的常人。因为挫折对有进取心的人是最好的激励剂。第二天，董事长把这位高级负责人叫到办公室，通知他调任同等重要的新职。这位负责人十分吃惊：“为什么没有把我开除或降职？”“若是那样做，岂不是在你身上白花了五百万美元的学费？”后来，这位负责人用坚强的毅力和智慧为公司作出了卓越的贡献。

下属犯错误时，不少领导人对此的反应常常是凶狠地训斥甚至责骂。这样做并无助于问题的解决。既然错误已经犯了，就只能在如何减少错误的损害程度和避免重犯上下功夫，使错误成为通向成功之路的铺路石。

批评是一门艺术，如何有效地利用它呢？

一、注意场合

批评时考虑时间、场合和机会。假设一位管理者带着下属到客户那里去访问，当管理者发现下属在言谈举止上存在问题时，就不能当着客户的面提出批评。这时候，最重要的还是要用高明的谈话方法，把下属的缺点掩饰过去。当没有旁人的时候，在车上或回程的路上对下属提出批评，是绝妙的时机。

二、对事不对人

恰当地批评指正的话，还应做到对事不对人。当发现不良苗头，由于某种原因又不便正面对责任者提出批评时，便可通过“对事不对人”的方式提出警告。这样就可以既点出问题，令对方受到震动，又维护对方的面子，给他们改正的机会。

有的人批评人时总是说：“从你做的这件事就能看出你这个人怎样。”这是批评之大忌。批评时，只能针对事情，而不能针对个人的人格、品性等来说人。

三、先赞扬，后忠告

批评的最终目的不是要把对方压垮，不是整人，而是为了帮助他成长；不是去伤害他的感情，而是帮他把工作做得更好。

有的领导之所以善于运用批评，就是他们能采取先扬后抑的方式，比如：

“小张，你的调查报告写得不错，你肯定下了不少工夫。同时，还有一个重要的问题你要注意……”

“小李，自从你调到这个单位来之后，表现不错，对你取得的成绩，我非常赞赏。就是有一点我觉得你可以做得更好，我也相信你一定愿意改正的……”

如果对方需要得到忠告批评，要从赞扬其优点开始。这种方式就好像外科医生手术前用麻醉药一样，病人虽然有不舒服的感觉，但麻醉药却能消除痛苦。

从赞扬开始，以忠告结束。问题也解决了，感情也没伤害到，真是奇妙的方法。

四、缩小批评的范围

人犯错后，受不了的是大家对他群起而攻之，因为这伤害了他的自尊，他也许会承认错误，但无法接受这种批评方式，这将使他对领导、对同事充满敌意，一旦有机会，将以牙还牙。

如果你希望自己的批评取得效果，就绝不能使别人反对自己。正确的目标是取得一些好的效果——或者使对方回到正确的航向上来，而不是去贬低他。即使你的动机是最高尚的，是真心诚意的，也要记住：对方的感觉也在起作用。当其他人在场时，哪怕是最温和的方式也可能引起被批评者的怨恨，不论是否辩解，他已感到他在同事或朋友面前丢了面子。对于一些过失，只要他认识到错了，就没有必要当着别人的面要求他做出公开检讨，而只要在你的办公室里，一个人面对面跟他谈，就足以使他反省了。任何具有上进心的人都不愿犯错误，从他个人角度来说也是如此，何况你的目的只是为了让他改进工作，而不是贬低他的人格。

五、不要翻旧账

"话说三遍讨人嫌"。要想使一个已知的过错引起他人注意，一次提醒就足够了，批评两次完全没有必要，而三次就成了纠缠。如果你提起别人过去不愉快的事，或改头换面地重谈别人过去犯的错误——揭人疮疤，那么除非他又重犯类似的错误，否则，无缘无故地挑刺儿，他就会认为领导对他抱有成见，或者别有用心。要记住批评的目标是使这方面的工作得以改进，顺利地完成任务。一旦这种错误得到纠正和解决，就忘掉它。一次批评，一次提高。当对方接受批评、取得了一定的进步时，他已经在新的起跑线上了。

批评不是存款，时间越久，利息越多。总是翻阅别人的老账，唠叨个没完，于做事没有丝毫的帮助。批评别人时，宜针对当下问题，不要旧账新账一起算。在交谈结束时，说几句"我相信你会从中吸取经验教训的"诸如此类勉励的话，就会让人觉得你不是有意打击他，而愿意变失败为成功之母，使过错不失为一次有益的经验。这样想过之后。他会鼓起精神，更加踏实地投入工作。

方式76 下属工作不积极时，及时调动其工作激情

关键词：沟通方式·与下属沟通·工作不积极

适用情境：下属工作不积极，要调动下属工作极积性时，需运用此方式。

如果你的下属意志消沉、工作没有激情，最好能让他参加从未参加过的会议。会议上可以用询问加讨论的方式激发他们，改变其态度。如生产单位在这方面的做法就是集合现场工作员工的意见，一边修改工艺流程，一边提高质量。这种方法不仅提高了会议效率，还集中了大家的智慧，扩大了工作者与经营者的“参与意识”。

所谓“参与意识”，内含有影响一个人干劲的重要因素。

韦尔奇担任过不同的职务，他认为，把任务交给能力强的下属是“你办事，我放心”，但不等于没有这样的下属，工作大就有停止运行之势。事实上，不能排除在公司内，每个人的能力有大小差别，这是一种正常的现象。但客观事实是，在所有人员中，能力强的人毕竟是少数，你越重视那几个人，另一些人的能力就越差，整体力量也越会下降，并且对公司人际关系也有害。不被重视的人内心是失落的，会对上司产生怨恨，对有能力的下属产生妒忌。

人的潜在心理经常会对和自己有关的事情，产生一种“想了解得更深”的“参与欲望”，虽然有时想不去理会某事，但这种想法却违背了潜在心理的要求。

作为上司，在平日交流上就得让下属说出意见，充分地满足其“参加欲望”，能使对方产生强烈的参与意识。一旦人心里有了这种意识，那么，不管是集团或组织的目的，就会像是自己的目的一样，会在不知不觉中，使工作态度

和干劲逐渐好转起来。

美国心理学家雷德，以他担任多年上司的经验说道："对部下不能用命令的方式，而要用询问的方式。"这也是希望从听取对方的意见中，诱导出对方的参与意识。如此一来，可使对方的意见充分表达出来，使参与意识发挥到最大限度。

其实，诱导对方的干劲，让他做出决定，不可能总是好的。因为，让一个能力不足的人下定决心，可能会产生相反的效果，让持反对意见的人做决定，还会造成组织上的混乱。因而，这时应以自己决定的事情来诱导对方，使他觉得像在决定自己的事情一样。如果能以这种方法顺利地诱导对方，才算是一种成功的沟通。

第十一章

同事沟通

如何获得同事信任

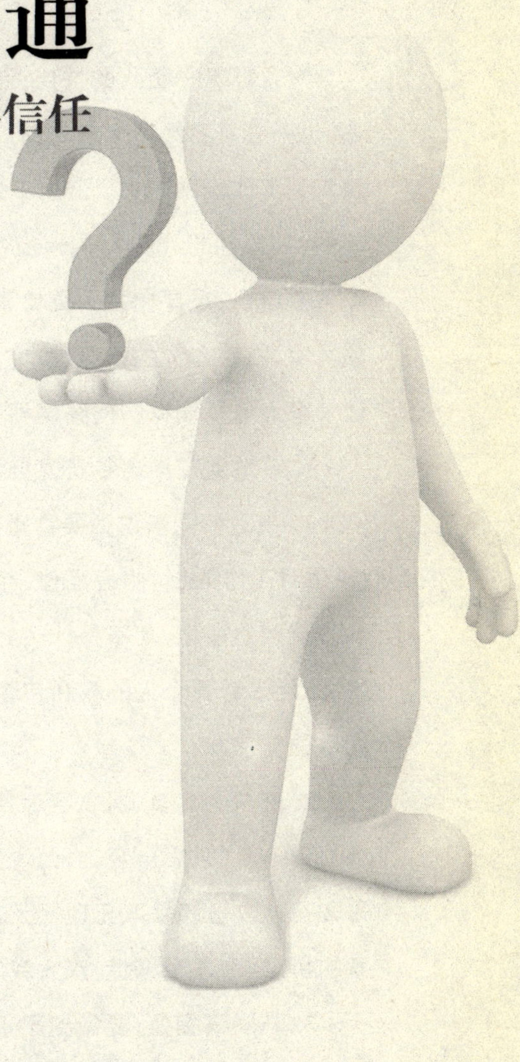

和谐的同事关系让你的工作和生活都变得更简单，更有效率。不过作为工作中的伙伴，难免有利益上或其他方面的冲突，这些矛盾和冲突的解决，有赖于你高超的沟通技巧。

方式77 用真诚的态度与同事沟通

关键词：同事沟通·相处原则·相处态度

适用情境：要想与同事形成良好的人际关系时，可运用此方式。

大家都属于团队的"打工者"，同事与同事之间没有什么特别的优越感可言，也不必莫名地产生自卑感。你可以通过自身实力展现自己，并使自己尽快融入到工作氛围中去。但这不是职场生涯的全部内涵。因为大家都是有上进心的，如果你想在平行的地位中突出自己的能力，一是要比别人更勤于学习业务知识，二是要比别人更善于在沟通中表现自我。再者，为了避免同事说你的风凉话，打击你的积极性，你还要着力提升自己在同事中的亲和力，尽量地让大家为你所取得的成绩感到高兴。

能够做到在沟通中表现自我，就要从以下几点培养自己：

1. 平时和同事说话要稳重，不评头论足。有的人"喜欢"对同事评头论足(包括对工作处世、服装品位、个人习惯等)，这种情况往往是平行地位中一些人爱接触的话题，却不是什么好事。因为每个人都有自己的一套原则，作为同事，只能是尊重个人的权利和隐私。如果你超越了自己身份的话，很容易引起同事的反感。

2. 养成为人真诚，宽容谅解他人的习惯。在平行沟通中，要为人真诚，不要当面一套，背后一套，当面说好话，背后捅刀子，更不要自以为比别人强，就采取言行攻击和采取无理行为，以免造成与同事沟通的障碍。沟通是相互理解的桥梁，沟通了思想，双方就能达成互谅互让，避免冲突。

3. 与同事相处，要做到严于律己，宽以待人。人与人之间的感情是相互依托的，在相处中避免出现成见或者矛盾、冲突，这时特别需要做到严于律己，宽以待人，不斤斤计较个人得失，对人要忠厚、宽让；说话要婉转，不要锋芒毕露。

方式78 同事之间谈话要掌握好分寸

关键词：沟通方式·同事沟通·说话技巧

适用情境：同事之间谈话时，需运用此方式。

与同事关系处理得融洽，会有一种好心情。反之，如果与同事关系不和，甚至有点紧张，且不及时去沟通处理，你工作时心情一定很糟，以致影响工作成果，可见，与同事融洽相处是非常重要的。

导致同事关系不够融洽的原因，除了重大问题上的矛盾和直接的利害冲突外，平时沟通得不好也是一个原因。

对于如何才能建立良好的同事关系，不少人都感到迷茫。他们往往抱怨自己运气不好，怨天尤人，认为自己工作的单位好人太少，无法与人进行满意地沟通与相处。却不想想自己的原因，自己说错了多少话？误听了多少话？错过了给你们之间的沟通机会，造成了多少障碍？

在办公室里，同事每天见面时间长，很容易“讲错话”，给自己带来麻烦。因此，同事之间谈话，一定要掌握分寸，这是人际沟通中不可忽视的一环。

办公室不是互诉心事的场所，可是不少爱说、性子直的人，就喜欢向同事倾吐苦水。虽然这样的交谈富有人情味，能使彼此之间变得友善，但是调查研究指出，只有不到百分之一的人能够严守秘密。所以，当你有个人问题发生时，你最好不要到处诉苦，不要把同事的“友善”和“友谊”混为一谈，以免成为办公室的注目焦点，也容易给老板造成问题员工的印象。

上班时最好不要与人辩论，可是有些人天生喜欢争论，一定要胜过别人才肯罢休。假如你实在爱好并擅长辩论，那么建议你最好把此项才华留在办公室以外去发挥。否则，即使你在口头上胜过对方，却在事实上损害了对方的尊严，对方可能从此记恨在心，说不定有一天他就会用某种方式还以颜色。

不要成为"耳语"的散播者，有时，你可能不小心就成为了"放话"的人；有时，你也可能是别人"攻击"的对象。这些耳语，比如上司喜欢谁？谁最吃得开？谁又有绯闻等，就像噪音一样，影响人的工作情绪。聪明的你要懂得，该说的就勇敢地说，不该说的就绝对不要乱说。

当众炫耀也是值得注意的。因为这样只会招来嫉恨。有些人喜欢与人共享快乐，但涉及工作上的信息，比如，即将争取到一位重要的客户，老板暗地里给你发了奖金等，最好不要拿出来向别人炫耀。只怕你在得意忘形时，忘了某些人眼睛已经发红。

善于说话的同事，他与人只说三分话，你或许认为他们很狡猾，是不诚实。其实，说话须看对方是什么人，对方不是可以尽言的人，你说三分真话，已不为少。孔子说过："不得其人而言，谓之失言。"

同事的秘密策划，你参与其事，代为决策，帮助执行，从乐观的方面来说，你是他的心腹；而从悲观的方面来说，你就是他的心腹之患。你虽然严守秘密，从来不提及此事，不料另有人识破机关，对外宣传，那么你就无法逃掉泄露秘密的嫌疑。你只有多多亲近他，表示自己并无二心，同时设法侦察泄露这个秘密的人。如果对方对你并不十分信任，你却极力讨好他，为其出谋划策，假如他采用的话，而试行的结果并不差，他对你也未必增加好感，认为你只是偶然发现，不能算你的功劳。所以还是少说话为好。

你有得意的事，就该与得意的同事谈；你有失意的事，应该与失意的同事谈。说话时一定要掌握好时机和火候，不然的话，一定会碰一鼻子灰，不但目的达不到，遭冷遇、受申斥也是意料之中的事。

有些奸佞小人，习惯巧妙地利用别人在说话的时机、场合上的失误，拿他人当枪使，以达到损人利己的目的。一旦中了他们的圈套，为其利用，你后悔就来不及了。所以，你对这样的小人不得不防。

每个人都有自己的秘密，都有一些压在心里不愿为人知的事情。同事之间，哪怕感情不错，也不要随便把你的事情、你的秘密告诉对方，这是一个不容忽视的问题。你的秘密可能是私事，也可能与公司的事有关。如果你无意之中说给了同事，很快，这些秘密就不再是秘密了。它会成为公司上下人人皆知的事。这样一来，对你极为不利，至少对你的形象造成了损害。

还有，你的秘密一旦告诉的是一个别有用心的人，他虽然不可能在公司进行传播，但在关键时刻，他会拿出你的秘密作为武器回击你，使你在竞争中失败。因为一般说来，个人的秘密大多是不甚体面、不甚光彩的，甚至是污点。这个把柄若让人抓住，你的竞争力就会大大削弱。

我们对以上叙述概括一下，其实就是三点：一是该说则说，不该说则不说，千万不要不假思索、信口开河，说话要考虑它的不良后果；二是说话力求简单，这样漏洞就少；三是不了解的事就不要开口，甚至突然想起的话题，也应该避免向同事提及，因为考虑不成熟的话，会被别人误以为是你处心积虑的想法。

方式79 与同事沟通语气要委婉

关键词：沟通方式·同事沟通·说话语气

适用情境：与同事沟通，要想达到比较好的效果，需运用此方式。

说话是为了传达一个信息，达到一定的效果，或完成一项指令。每个意思都有不同的表达方式：强制、请求、命令、建议……哪一个是让人容易接受的？说话是为了语言背后的目的。为了不白说，为了不为沟通制造障碍，就不能把话说得硬梆梆地砸人。

说话硬梆梆的人，不会讨人喜欢。有的人与同事说话总是硬梆梆，好像对方欠了他几百元钱没有还似的，也好像把对方当作冤家仇人似的。正如一位与说话硬梆梆的同事打交道的人所言："他有什么了不起的！这年头，谁怕谁呀！"

小张本是个心直口快的人，所谓的含蓄婉转，向来不会，所以经常得罪同事。一次，饮水机没水了，他对同事小刘说："帮个忙换桶水吧，就你闲着。"小刘一听不高兴了："什么就我闲着？我在考虑我的策划方案呢。"小张碰了一鼻子的灰。

小张跑到销售部："吴经理，你给我把这月的市场调查小结写一下吧。"

吴经理头也没抬，冷冷地说："刚当上管理员，说话就是不一样。"

显然吴经理生气了。小张想，我也没说什么呀。他顺手拿起打印机旁的一份《客户拜访表》，问："这是谁制的表？"

吴经理的助理夺过表格："你什么意思！"

当天，几个同事在一起谈话，让小张说一说对公司管理的看法。于是小张竹筒倒豆子，噼里啪啦一吐为快："我认为目前我们公司的管理非常混乱，有令不行、有禁不止，简直一个乡下企业。"大家不爱听了，认为小张话里有话，似乎同事们都是坏人，就他一个人是好人。

一会儿同事小汪问小张，某某事情可不可以拖一天，因为手头有更重要的事在做。"有这么做事情的吗？"小张声色俱厉地说，"你别找理由了，这可是你分内的事，反正又不是给我做，你看着办！"

小汪也不甘示弱，说："喂，请注意你的言辞。你以为你是谁呀？我就是没时间！"

小张气得发抖，他说："我怎么了？本来就是这么回事嘛，我不过实话实说。"

他正在生气的时候，副总走进来对他说："你知不知道，大家都私下里叫你西伯利亚寒流。"

小张笑了："为什么呀？"

"因为你说话总是冷冰冰、硬梆梆的，掷地有声，不注意措辞，经常令人难堪。"

小张一下子把头低下了，他认识到自己没有修炼好说话功夫，难怪太家都不喜欢他。这之前，他还以为是自己工作出众，同事们妒忌他呢，原来是自己"吃了火药"，说话太冲，杀伤力太大。

在人际沟通中，与人相处，同事间每天都要说很多话。习惯了，也就不把它当回事了。但，往往小小的一句话，学问却不小。将心比心，每天你都要听到别人对你说的话。什么是好听的，什么是你不爱听的？哪些话让你愉悦地接受，哪些话让你怀疑说话者的品位，哪些话又令你反感甚至产生抵触情绪？请留点心，因为很多时候，你也是这些硬梆梆的言辞的制造者。

为了避免与同事说话硬梆梆，下面几点供你参考：

1. 要用语恰当。"说者无心，听者有意。"作为一个成熟、得体的职业人，你必须时刻注意你的措辞。工作场合不能用不文明词语、粗俗词语。表达意思的时候，尽量多用中性词或褒义词；说不同的意见或批评要委婉表达，切忌直接否定或嘲讽。注意语言的细节，比如"请你……"就比"你给我……"好得多。

2. 要语速适中。过快的语速容易让人产生压迫感，强制感，或是让人不知所云；过慢的语速要么使人着急，要么让人昏昏欲睡。语速必须适中，这不但有助于意思的表达和对方的理解，还可以使信息的接受者产生舒适感、愉悦感，从而有助于你拉近与谈话者之间的心理距离。

3. 要语调明朗。很多人不注意说话时的语调。不是音调平平，就是任情绪波动，随心所欲。其实，语调对语言的效果影响非常大，明快和有气无力，哪个更让人容易接受是显而易见的。并且，语调反映了一个人的性格特点，语调高昂的人一定是个自信、开朗的人。

4.要语气平和。公司里的职位分三六九等，但人与人之间的地位是平等的。没必要低三下四，也不要盛气凌人。别人对你的认同或是尊重，靠的是你人格的魅力，而不是强硬的语气。无论什么时候，都要保持心平气和。否则，说话的语气稍稍偏离平和，各种是非就会出来。

方式80 与“老前辈”沟通时，要多听少说

关键词：与同事沟通·老前辈·多听少说

适用情境：与公司“老前辈”沟通时，可运用此方式。

到一个新的工作环境中工作，能否让“老前辈”极快地接受自己，有没好有好的沟通能力，即能不能够拉近与大家的距离是一个关键。

初来乍到，一切都是陌生的，多观察、多思考、多探听、少说话是尽快适应新环境的最明智之举。

一般而言，事先你就要知道要给人的好印象是由哪些部分组成。还要知道什么会弄糟了它。大部分想给人好印象却遇到麻烦的人，不是不知道人家期待他们什么，就是不知道情况严重到要全副武装，他们对这件事太马虎。

很少有人在知道别人期待他什么之后，还不知道怎样在某种状况中采取行动。通常只要花点时间就能了解，最好用耳朵听。绝不要把别人对你的印象留给运气去评定。

要决定什么是人家期待你的态度，就得考虑：

1. 同事是什么样的人。

2. 同事的目标是什么。

3. 他害怕什么。

做一个针对性的目标计划，把恐惧也考虑在内，首先避免讨论它们。

要创造出最好、最持久印象的方法，就是去找那些和你兴趣一致、志同道合的同事。

要接近一个难以取悦于他的人，就不要冒犯他。这意味着你应该试着让他解释他的态度、意见和评语，当它们与手边的问题有关时，你一定要同意他的看法。的确，假如你不能，就不要假装你能同意。但是，要很有耐心地听别人怎么讲。记住这种人无论在什么情况下，对你都十分猜忌，随时都准备好要指出你缺乏真诚的地方，如果他真挑到了，你就再也没有机会说服对方任何事了。

如果你不能让人相信你是真的同意，就不该假装同意，但至少也不要表明你坚持反对的态度。相反，应该表明你没有确定，还需要知道更多情况，对方可能会告诉你更多。不要想让别人对你印象深刻，让他继续说下去，表达更多他的感受。他说得愈多，你对他的了解就愈清楚。

一般而言，人们喜欢以他们想要的方式来看别人。大致而言，人们把别人分成两大类：他们“像我”或“不像我”。无论是用统御、控制、赢得争辩、处理、领导、教导或其他影响别人的方法，首先都得先了解有哪些特质会使对方符合“像我”的这一类别。

只有在你了解到“像我”这样的标准对对方的意义时，你才有希望接近他。要创造出一个胜利者的风范，就得要让别人相信，你们彼此有很多共同的地方。

即便如此，交浅言深也仍然是初到新工作环境的人所应该避免的。

张先生刚刚调入某局一个月，一个月来由于他处处小心做事，每每笑脸相迎，所以同事们对他的态度也颇为友善，竟不曾遇到他所担心的任何麻烦。一天，全科室的人决定一块儿去餐厅聚餐以度周末，也邀了张先生。席间大家有说有笑，无所不谈。其中有一名同事与张先生最谈得来，几乎把局里的种种问题，以及科里每位同事的性格、缺点都尽诉无遗。张先生一时受宠若惊，加之对局里的人事一无所知，着实很珍惜这样一位“知无不言，言无不尽”的同事，彼此显得相当投机，于是开始放松自己的防卫，便将一个月来看到的不顺眼，不服气的人和事通通向这位同事倾诉而后快，甚至还批评了科里一两个同事的不是之处，借以发泄心中的闷气。

不料由于对这位同事了解甚少，怎知这位同事竟是个搬弄是非的人。不出几日便将这些“恶言”转达给了其他同事，立刻令张先生狼狈之极，几乎在科里没了立足之地。这时张先生才如梦初醒。悔不该当初一时激动，没管好自己的嘴，忘记了“来说是非者，必是是非人”这样一个浅显的道理。

由此看来，初到新环境，在人际沟通中，必须学会与同事保持一段距离，凡事采取中道而行，适可而止。在大家面前不要轻易表露行动及言谈，学习做个聆听者。公平对待每一位同事，避免建立任何小圈子。如此才能尽快适应新环境，打开新局面。

方式81 当同事有错时，善意的批评也是一种关爱

关键词：沟通方式·与同事沟通·批评同事

适用情境：当同事有错，要批评同事时，可运用此方式。

在与同事的人际沟通中，有时面对同事的无理，或者对方配合上的差错，影响了大家的利益，这时需要你提出批评帮助，如果批评指正不当，不仅会达不到目的，弄不好还会产生负作用，造成你与他的沟通障碍。怎样开口才能让同事接受呢？你必须怀揣善意去批评，并且还要让对方感到你的批评是善意的。

有一个爱好摄影的人，拿了一些自己的摄影作品去拜访一位摄影家，请他批评指正。摄影家把他的作品看了一遍，很热心地告诉他哪一张曝光时间长了一些，哪一张光圈小了一些，哪一张取景需要变换角度……当这位摄影家正在指正的时候，来请教的人总是找一番理由来为自己辩护。不是说当时天气不佳，就是说取景时找不到合适的立足之地。如此，啰唆了半天。

当那个摄影爱好者走了以后，摄影家觉得又好气又好笑，说：“我真傻，何必说那么多的话呢。”其实这种结果是完全能想象得到的，有的人就是不愿意

虚心接受他人批评。

史密斯先生的侄女约瑟芬离开她在美国加州的家，到纽约去做史密斯先生的秘书，那时她才十九岁，刚高中毕业，对于商业常识和生意上的事一点儿也不了解。然而，她待人做事，却颇为老练。有一段时间，她经常犯一些错误。

有一次，史密斯先生真想批评她几句，但再一想，她年纪轻，阅历浅，不可太苛求，于是改用和颜悦色的方法对她说："现在你做错了事，自然是难免的。我在你这个年纪的时候，做的错事比你多得多，所以我相信将来随着年龄的增长你一定会增长才干的，现在你照着这样做不是好多了吗？"先承认自己有错，然后再指出别人的错误，更令人易接受。

同事如果做错了事，除非他自己主动告诉你，坦白地承认错误。如果你指出他的错误，那么他往往会找出种种理由加以辩解。你可以在周围的朋友或家人中试试看，无论是小疏忽或大错误，没有几个人能在别人指出后立即坦率地、不为自己辩解地承认错误。所以，批评同事时，一定要讲究方法，态度要诚恳。

不要乱批评同事，这是与同事达到友好沟通的信条。不过，事情有时并不那么简单，有时候也不能不批评同事几句；甚至相当知己的朋友，也是免不了要批评几句的。所以，绝不批评别人是不可能的。所以在批评同事时，为了达到更好的沟通，你就要心怀善意。

首先，要体谅对方。这样你不仅不会犯吹毛求疵的毛病，而且对同事犯错误的原因也会加以分析，给予谅解的。你要时时想着自己和他是站在一起的，而不是和他对立的。说话时先要对同事所犯错误表示理解和同情，使对方减少不安，然后再用温和的态度指出他的错误。说话要委婉和蔼，不要用过分刺激的或使人听了不舒服的字眼。如"你真糊涂，这件事完全搞错了！"用这种语气说话是没什么人可以忍受的。

其次，指正的话越少越好，能用一两句使对方明白就行了，然后把话题转到其他地方，不要唠叨个不休，使对方陷于窘境，产生反感。对方做一件事情，其中有错误的地方则应该指出，但做得正确的地方应该加以赞扬，这样对方就会心悦诚服。

还有，改变对方的观点时，最好设法将自己的观点暗中移植给他，使他觉得是自己改变的，而不是因为你的指正。

对于那些无法挽回的错误，应当站在对方的立场上，给予恳切地指正，而不要严厉地责问，使他知过而改。纠正对方的做法时，最好用请教式的口吻，不要用命令的语气。

第十二章

客户沟通

如何打开客户心扉

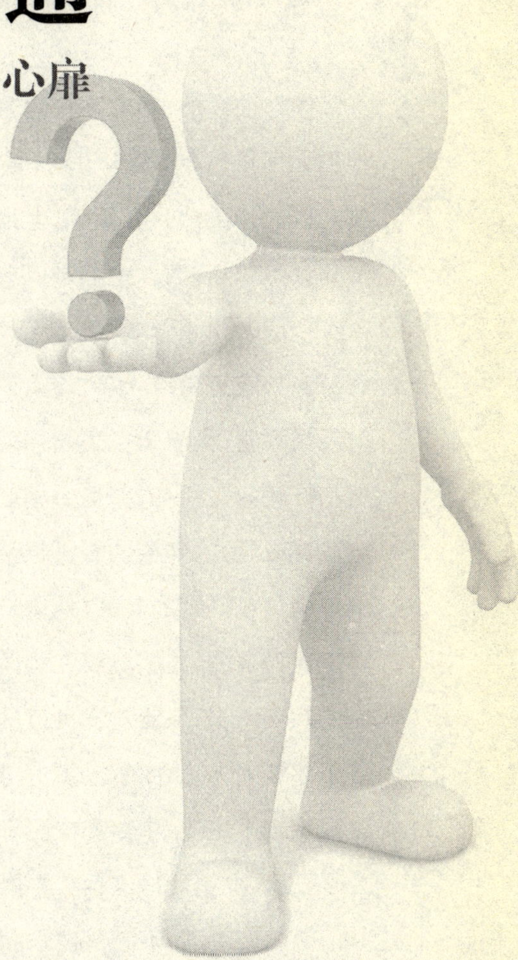

如何有效与客户进行沟通，是建立业务关系、收集经营情报信息必备的技能，也是与客户建立合作的前提。一千个客户有一千种个性，所以在和不同客户交流时不仅需要靠理性的逻辑力量，还要依赖于你的情商智术。

方式82 与沉默型客户沟通，用耐心敲开客户的嘴巴

关键词：沟通方式·沉默型客户·引导客户

适用情境：面对沉默寡言的客户时，可运用此方式。

作为推销员，在与客户沟通的过程中，你会发现有些客户始终保持沉默。他们之所以沉默，很少说话，是因为他们老成持重，稳健不迫，对推销员的宣传劝说之词虽然认真倾听，但是反应冷淡，不轻易谈出自己的想法，其内心感受和评价如何，有时令你难以揣测。

一般来说，沉默寡言的客户比较理智，感情不易激动，在与其沟通时，推销员应该避免讲得太多，尽量使对方有讲话的机会和体验的时间。进行面谈时要循循善诱，着重以逻辑启发的方式劝说他。应耐心地说明产品的使用价值和推销利益所在，并提供相应的权威资料和证明文件，供其分析思考、判断比较，加强他的购买信心，引起他的购买欲望。有时客户沉默寡言是因为他讨厌推销员或推销的商品，他们若对推销员或产品主观印象欠佳，就闭口不理。对待这种客户，推销员要在沟通时表现出诚实和稳重，特别注意谈话的态度、方式和表情，争取给对方良好的第一印象，提高自己在对方心目中的美誉度，善于解答对方心中的疑虑，了解和把握对方的心理状态，才能确保双方面谈过程不至于冷淡、中断和破裂。

显然，推销员与这种客户沟通的场面，把握不好必定十分尴尬。

他表情冷漠，不开“金口”；你舌头打转，脸上青红皂白惶恐不安。这种气氛令双方都不好受。如果你为了打破这种僵局，频繁地主动向对方发问，那么就会招来他的更加沉默。你越主动，这种“无声的抵抗”就越持久。最后他会结

束这个局面："请您别费口舌了，请回吧！"

沉默寡言的客户之所以"金口难开"，是因为担心自己的言谈会被推销员视为购买的动机。

客户沉默寡言有两个原因：

其一，惧怕推销者的"嗅觉"。他知道推销员这一类人的感觉十分敏锐，善于察言观色洞察客户的想法，然后再引着客户跟他上一条"船"。所以他担心自己的想法会被销售人员觉察到。怎么办呢？最有效、最直接的方法就是闭口不言，推销员就没办法知道他心里想什么，从而也不可能被牵着鼻子走。

其二，对自己的"抵抗力"缺乏信心，认为自己根本不是推销者的对手。在交易中被对方引诱利用，没有反驳对方的本事，只有被说服的份儿，因此不说话比较保险。

推销员对少言的客户应给予理解，相信自己有能力和他完全沟通。

譬如他碰到了不愉快的或伤心的事，像刚与人发生完争执，被上司训了一顿，亲人亡故或者婚姻家庭出现危机等。总之在这种情况下，他的情感海洋是大风大浪。他很明白，他无法控制自己，一旦有了可以发泄的通道(例如说话)，就会大堤决口，洪水四溢，迷失本性，将不满、不快、悲愤等感情通通发泄到别人身上。外在的表现方式是刻薄恶毒、极富挑衅性和攻击性。其结果就是给对方留下不好的印象，产生厌恶感，进而破坏交易。他明白这一点，所以尽量闭口不说话。这种客户往往是很有责任感的，是对自己和工作都比较负责的那种人。所以你不要误会他，他的本性绝不会是令人讨厌的。

由于这类客户行为动机很多，又各不相同，所以你必须仔细观察对方。通过他的表情态度，以及拒绝你的理由来分析判断，选择适当的方式出击。如果一开始对方不理睬你，不与你搭话，你要采用"试探"的原则，变换谈话话题，或谈话方式，尽可能吸引对方。

对"口一开，祸事来"心理的客户，你不要谈生意场上的事或你的推销经历，不要给他一种你"能言善辩"的感觉。只有这样他会觉得你这人比较安全，他能够在与你的交易中把握自己，对自己有信心。对“当时的心境以不说为妙”类的客户，你可以找个让他开口的话题或找一个能使他产生“同病相怜”感觉的话题。总之，你要有针对性。

在沟通展开之前，摸清了对方的心理动机后，即使遭到拒绝，你也好决定下一步怎么走比较有利。例如，对那些有“口一开，祸事来”心理的客户拒绝你，你不必马上走，可以改换话题另起炉灶；对那些“当时的心境以不说为妙”类客户拒绝你，你也可以尝试换个话题，看能不能成功。然后再走也不迟。

方式83 与冷漠型客户沟通，用真情消融客户冰冷的心

关键词：沟通方式·客户沟通·冷漠型客户

适用情境：面对冷漠型客户时，可运用此方式。

推销员在推销时，会遇到一种冷漠型的客户，这种类型的客户出于理性、冷静，而且将自己看得比较重的缘故，在与推销员沟通时，似乎不近情理。

冷漠型的客户在和推销员说话时，通常都不太有礼貌，甚至可以说是傲慢的。这类客户常常是表面上故意装出不在乎这个商品的表情，其实他心里是雪亮的。在推销员的介绍谈话当中，他不时会看出矛盾或者自以为抓住了什么弱点。不过，一般而言，他不会大声说出自己的相反意见，要等到积少成多时才表示出来。

冷漠型客户的最大特征是除与极少数的好朋友外，跟外人极少交往，交际面很窄，很少参加各种团体，很少介入大型社交场面，也很少尽可能地与更多的人交谈，一般人很难赢得他们的信任。

推销员与冷漠型客户打交道，就得多付出一些时间，经常联络，慢慢地拉

近彼此间的距离。因为冷漠型的人一般都是相当孤独的，只要你有心，要达到彼此亲近一般是不太难的。

在沟通时，除频频与其联络外，交谈时要时时注意态度亲切，没有掩饰感，让对方认为你是在真正和他倾心交谈，真诚地与他沟通。时间一久，他就将你纳入他那为数极少的知心伙伴行列，自然就不会再对你冷漠。

当然，态度也不能太亲密，否则他会认为你是在一味套近乎，“肯定想让我上当”。在适度亲切的气氛中，再条理清楚地向他说明你的产品。只要他真正相信了你，就有可能一下子买许多东西，因为他只跟极少的推销员打交道。

此外，为了真正表示你的亲切，你可选择适当的时机送他些适当的小礼物，这样，能为你们之间的沟通起到特别好的作用。因为这类人对无偿的东西一般比较敏感，也比较重视真正的“友情”。与这类客户特别是其中那些具有较佳气质的人沟通好，在别人眼里你也相当成功了。

方式84 与多疑型的客户沟通，用“真诚”扫除其心头的疑云

关键词：客户沟通·多疑型客户·沟通方式

适用情境：与多疑型客户沟通时，可运用此方式。

推销员时常会遇到多疑型的客户，他们用充满了怀疑的目光在推销员身上扫来扫去。对于这种类型的客户，在推销员与其沟通的过程中，尽管推销员满脸堆笑，强作热情，详细地向他们介绍产品，可他们仍旧无动于衷。

多疑的客户之所以多疑，难于沟通，一般有如下三种原因：

1. 有的是对推销员存在戒心。以前曾因相信了“花言巧语”买了劣质货，或是以前面子较薄，被推销员一阵猛攻，半推半就地做了交易。现在一见推销

员就产生一种反感，不放心、怀疑就是这种感觉的外在表现。

2. 有的客户过于深思熟虑。他们需要对产品从质量、型号、售后服务等方面完全落实后，才能下定决心。

从病因上分析，这类客户之所以有这样的行为，一般是由于其经济状况所致。如果他要购买的这一商品占其收入的相当比例，那么只有达到“十全十美”，才能使他觉得“这笔钱花得值得”，他需要前提保证和确认。这是他在自己决定之前必须得到的。他的经济条件使他无法相信人，只看事实。

3. 曾上当受骗的客户自然会小心谨慎。以前曾因过分相信厂家宣传，或曾因图小惠而失大利，一再上当后戒心大起，对什么都打一个大大的问号。

这类客户由于此前曾遭受过较大的损失，而这一损失完全是由于他本人太过“好心”轻信的缘故而造成的。一次“重创”已足以使他改变对所有的推销员的看法。

面对多疑的客户，推销员要达到与其沟通的目的，就要在态度上要给人以坦诚老实的感觉。说话要注意语气，切不可眉飞色舞、唾沫横飞，让客户产生一种华而不实的印象，进而对你所介绍的产品产生同一感觉。

你可适当地表示你对客户意见的同意，甚至还可以主动承认产品的一些“小问题”。当然这都无伤大雅，绝对不会影响产品的使用，这样会使对方心情由阴转晴。比如，你可这样说：“是啊，虽然我们的产品属于一流，但其款式还有值得改进的地方！”

对于那些需要证明的客户，你可以展示手头能找到的一切证据向其证明你说的话绝不掺假。你可将获奖证书、权威机构的认证证明、报纸杂志刊登的介绍性、表扬性文章请他过目，相信这些能令他折服，你们之间的沟通就是有效的。

方式85 与话多型客户沟通，巧妙阻止其话语

关键词：与客户沟通·话多型客户·沟通方式

适用情境：面对滔滔不绝的客户，不知该如何阻止其说话时，可运用此方式。

要使自己成为一个优秀的推销员，就要经常在不断的沟通中积累经验，增强推销工作中“时间就是金钱，时间就是效益”的观念。显然，在推销的沟通活动中，碰到那种过分喜欢讲话，也就是话多型的客户，是一种非常糟糕、非常难处理的问题。所以说，与话多型客户沟通，也是需要技巧的。

对于这种类型的客户，既要让对方满意，又能够及时地把握时间，避免无谓的耗时，这看起来确实是很困难。当遇到这种情况时，我们应该如何去做呢？下面是一个成功的例子：

“您讲的话真是太有意思了，我的收获真不小。您看，我把时间都忘了。我希望下一次来能再与您长谈。”

这么一讲，一方面告诉客户“我确实是喜欢听下去，您是一个很重要的人”，另一方面强调的意思是“我还有别的事要去办，很遗憾不能继续听您讲下去了，如果再有机会与您交谈，那将是我的荣幸。”当然，说这番话的时机也很重要。一般的规律是，当客户吸气时，就表示他的讲话到一个段落了；而当他吐气时，很可能就表示又要讲话了。这个时机，如果你一不小心弄错了，很容易引起客户的不快。

当然，爱讲话的客户总比不爱讲话的客户容易应付。喜欢与推销员攀谈的客户，通常可以分为两种类型，一种是想要利用他的口才使推销员退却，另一种是天生有好说话的个性。

前一种情况中，客户是有意拿“多侃”做挡箭牌，占用更多的推销时间，使推销员更多的时间是在听客户海阔天空不着边际地“胡侃”，而分身无术。在这种情况下，有经验的推销员首先要及时从客户的说话内容中发现其矛盾的地方，客户内心真实的欲望以及客户对推销的抵触情绪。然后，要尽快给客户一种错觉，好像推销员一直在全神贯注地听着，使客户认为自己已经把推销员弄得糊里糊涂，随后放松警戒抵触心理，甚至开始对产品进行胡乱评价。这个时候，推销员可以利用客户内心的矛盾、误解、欲望，用简捷的方式突然直击要害，逼其对关键环节表态，促使事情明朗化。

推销员对付这种“喋喋不休、没完没了”的客户，根本不必费心钻研人际关系，完全可以用两句话来概括：不怕“累”，不怕“苦”。

这种嘴上无遮拦、不善心机、貌似难对付的客户，其实并没有什么坏心眼，比那种一脸和气但心肠阴狠的客户要好很多。所以，你对付这种客户，要做到不怕“苦”，任他驳你、贬你、讽刺你，始终不露“怯”色，一脸风平浪静状；第二要不怕“累”，你要挺住，让他说个痛快，他在尽兴之后也恢复了原样，比较容易反省自己，下一次就会比较友好地对待你，并且会把自己摆在听众的位置，听你说话了。

但是，在与这种类型的客户进行沟通时，要严格限制交谈时间，销售成功的关键是看你在一天、一周或一个月内销出商品总量的多少，而不是某一天你终于说服了某一客户。要保证这个总量，就需提高效率，要提高效率，就得在短时间内完成你的交谈。

在沟通时，推销员必须单刀直入，直接涉及问题的关键，来结束客户漫不经心的闲扯。但提问题时，态度要诚恳，使客户感到你坦诚相待。这时如果客户再打开他的话匣子，也许会露出他更多的弱点。因此，对于喜欢逞口舌之能的客户，要仔细去听，并分析判断出隐藏在“谈话”中的实际问题，提问要坚决果断。

方式 86 与刨根问底型客户沟通，尽量满足其好奇心

关键词：沟通方式·与客户沟通·刨根问底型客户

适用情境：面对好奇心强，喜欢刨根问底的客户时，需运用此方式。

刨根问底的客户对待任何新事物都有一种好奇心，就像有某种不可抗拒的力量驱使他去了解这些新事物。对于推销的商品，他也会带着极大的兴趣去了解它的性能优点及与之有关的一切情报。这类客户表现得比较积极主动。他们态度认真、大方、有礼貌，对于商品所提的问题的情形，就好像一个不懂事的孩子问一个知识渊博的老人，这样的客户提出的问题，常使推销员无法拒绝解答。但只要货物商品满足他们的需要，他们喜欢这种商品，则他们就是一个好的客户，推销员可以驱动他们的好奇而成交。

与这类客户打交道，也是要讲究技巧的。好刨根问底的客户比较单纯、阅历少，在与其沟通的过程中，你只要对他真诚、热情主动，只要商品合他意，他就会高兴地买下来。如果你再说优惠卖给他，他就会更加愉快地付款购买了。

这类客户对于强硬态度或逼迫态度则比较反感，当然也不喜欢别人拍马屁奉承他。他对于那些彬彬有礼的知识分子特别看重，他敬佩这些人，羡慕他们，并时不时地模仿他们。对待这样的客户，你不要刻意地去讨他喜欢，只要表现出自己的热情、真诚就可以把他吸引住了。再加上对自己的商品充满自信，详细说明商品的优点，顺利成交是没有问题的。

“我很奇怪，为什么贵公司的中英文打字机的价格要比别的公司便宜呢？是不是价格便宜了，性能也没有那么好了呢？”

“你可能误会了，虽然我们公司产品的价格比同类公司的低，但产品的性

能指标丝毫没有降低，有的型号甚至超过了同类公司的产品。"

"可为什么价格会差这么多呢？"

"主要是因为我们注意技术开发，在关键部分实现了国产化，这样就降低了产品成本"。

"那么性能会不会因为国产化而受影响呢？"

"正像我刚才所介绍的那样，对于我公司的产品性能，您可以完全放心"。

推销员在推销过程中，必须把握好大局，控制整个推销过程的进度，在做生意的过程中，有的客户就可能会像这样一句一句地问个没完，有些问题甚至颠来倒去询问多遍。推销员也许会把这种人也归属于难以应付的客户之列。

其实，细分析起来，像这样喜爱刨根问底的客户，可以分为四种类型：

1. 具有小孩般的好奇心，对于自己感觉奇特和新鲜的事总要问个不停。

2. 具有学者一般的涵养与素质，喜欢探究自己所关心的事。

3. 本性就是喜欢追究又爱聊天的人，这种类型的客户以女性居多。

4. 由于个性的关系，总要刨根问底弄个明白，生怕自己受骗上当。

推销员碰到这类客户时，必须首先找出客户为何追根究底的原因，再加以应付，才能成功地达到销售目的。

第一类型的客户，并不重视事实，只要跟他说明白，让他产生同感，他就会觉得很满足。因此，采用像对付小孩般的回答方式就可以了。比如，上面的客户询问那个公司的中英文打字机的价格为什么要比别的公司便宜，如果你感觉他是第一类型的客户，你只要简单地告诉他这是因为公司实力雄厚、经济效益好的缘故，他可能就不再追问了。

第二类型的客户，你必须要拿出严谨的证据，证明你所说的的确是事实他才能罢休。像上述的问题，你就得从性能、工效与同类产品作比较，阐明产品的价格偏低并不意味着质量下降，使他坚定购买的想法。

对于第三类型的客户，你要注重强调交货方式及保修和优惠方法。同时，多讲些市场上的风吹草动和一些用户对此产品使用后的评价，会对促使完成交易产生意想不到的效果。

对于第四类型的客户，你要特别小心。这种类型的客户天性多疑，有关产品的具体特性或是效用方面的介绍对于他们可能吸引力不大，重要的是要介绍公司悠久的历史，产品在市场上的知名度，以及有哪些著名客户在使用该产品等。因此，要建立客户对公司及产品的信任度，同时，不失时机地夸赞客户确实有鉴赏力："您很幸运能挑选这样物美而价廉的产品。"也就是说在沟通过程中，要强调本公司的成就，同时也满足对方的优越感，才能吸引这类客户。

方式87 与精明的客户沟通，多给其说话的机会

关键词：沟通方式·与客户沟通·精明型客户

适用情境：与特别精明的客户沟通时，可运用此方式。

特别精明的客户，一般来说不好对付，因为他们总以为自己什么都懂，千方百计不让对方打败。对这类客户，绝对不要有想赢过他或者使他胆怯气馁的想法。而是给他说话的机会，让他自己给自己挖"陷井"。

精明型客户，自认为什么都懂，当他对产品高谈阔论之后，你就不适时机地给他发难："既然你这么了解我们的产品，那么你迟迟不下决定购买的原因何在呢？"这就是一个陷井。

精明的客户分为两类："尽责型"和"执著型"。应该针对他们的具体情况因人而异。

对"尽责型"客户，你讲得越清楚越好。

多数买家的财会人员属于这种类型。他们共同的表现为怀疑、挑剔、善于分析问题。就因为他们有这样的特点，他们的雇主才会聘用他们。

因为他们难对付，因此有必要先对他们做一个分析，一旦把握了他们的心理，就会知道如何沟通才能打动他们。对待这样的客户，应该尽量使他们有安全感、让他们相信你，让他们明白你会认真倾听、分析他们的要求。不要在销售会议上刻意煽动狂热的气氛，这样做往往会适得其反。激发这类客户购买欲望的唯一办法，就是营造出一种一切都井然有序、按部就班的氛围。对销售人员，他们希望不管是看起来、听起来、还有感受起来都要符合他们的要求。

我们可以这样来看这个问题。你接触到的每一位谨慎的客户，不管是现有的，还是将来的，对你来说都是“会下金蛋的鹅”，是你月复一月、年复一年取得良好销售业绩的坚实基础。若你想靠这只“会下金蛋的鹅”长期赚钱，那么你就要对它好。你不能对它撒谎，不能强迫它买不需要的东西。不要妄想通过夸大其辞来掩盖事实真相，不然，它迟早会看透你的。

“尽责型”的客户喜欢同冷静、细心、做事有条不紊的人打交道。任何细节对他们来说都是十分重要的。他们会留心你的着装是否得体，会在意你公文包里的文件是否放置得很整齐。他们希望所接触到的人和产品，都要具备他们所期望的准确、精确和效率。

他们对玩笑持怀疑态度。所以，推销员的推销风格必须要严谨，说话缓慢、清晰，当面记笔记，询问他们的需求。

他们喜欢推销员“详细说明”相关情况。在他们面前，你无论做多少次“详细说明”都不过分。他们想听，希望你说。如果你不说，他们就不会喜欢你。

这一类的客户最厌恶那些一见面就想促成交易的推销人员。急于成交说明推销人员对于“详细说明”有关情况毫无兴趣。如果你的客户是一家公司，你事先最好有个思想准备，在达成最后交易前至少要开四次商业会议。这四次会议的安排是这样的：第一次用来说明情况，这样的会议至少再召开两次，然后是最后的细节说明和签字。

和“尽责型”客户达成协议与其说是一件事，不如说是一个过程，一步一步通过各种会议，全面地展示公司的能力、背景和声誉。

上述针对“尽责型”客户的基本策略同样适用于“执著型”的客户，但还是有些区别的技巧。

“执著型”客户，做事也倾向于稳重和仔细。向这样的客户推销产品，要确保他们从中能获得附加的安全感。让他们觉得有保障，觉得已做出的决策没有风险。不要给他们压力。表明你的计划或产品已经从买方的角度替他们考虑周详了，让他们相信如果买了你的产品或服务，他们绝对不会需要重新买。

记住，在整个沟通过程中，这一类的客户都会仔细地审视你。他们很少从陌生人那里买东西，更愿意从有多年交往经历并十分信任的人那里买东西。少讲空话，留给客户一个可靠的印象。要表现出忠诚和敬业，不许无法实现的诺言，不作模棱两可的保证。“执著型”的客户天生讨厌别人弄虚作假。

方式88 与爱发牢骚的客户沟通时，要耐心倾听其牢骚

关键词：与客户沟通·爱发牢骚·耐心倾听

适用情境：面对牢骚满腹、甚至极不容易对付的客户时，可运用此方式。

你的顾客向你投诉，该怎么办？首先，你必须站在顾客的立场上去考虑问题。

对于这种情况，倾听是解决冲突、矛盾，处理抱怨的最好方法之一。

某电话公司曾碰到一个凶狠的客户。这位客户对电话公司的有关工作人员破口大骂，怒火中烧，威胁要拆毁电话。他拒绝付某种电信费用，他说那是不公正的。他写信给报社，还向消费者协会提出申诉，到处告电话公司的状。电话公司为了解决这一麻烦，派了一位最善于倾听的“调解员”去会见这位惹

是生非的人。

这位“调解员”静静地听着那位暴怒的客户大声地“申诉”，并对其表示同情，让他尽量把心中的不满发泄出来。3个小时过去了，调解员非常耐心地听着他的牢骚。此后，他还两次上门继续倾听这位客户的不满和抱怨。

当调解员再次上门去倾听他的牢骚时，那位已经息怒的顾客把这位调解员当作最好的朋友看待了。

由于调解员利用了倾听的技巧，友善地疏导了暴怒顾客的不满，尊重了他的人格，并成了他的朋友，于是这位暴怒的客户也变得通情达理了，自愿把所有该付的费用都付清了。矛盾冲突就这样彻底解决了。

迪特公司的经理迪特先生运用倾听改变了客户的敌对立场的事例也是生动的一课。

一天，一位客户突然专程赶到迪特公司，声称他接到一份通知，催他归还欠迪特公司的15美元的欠款。这使他感到特别恼火，因为他从不欠这个公司的款项，而且还是这么少的一笔。同时，他生气地告诉公司经理，以后再也不买这个公司的产品了。迪特先生耐心地倾听，让对方讲了个痛快，最后感谢他专程来芝加哥提意见，承认可能错误在公司方面，很大度地向他推荐其他公司，并按惯例请他吃饭。

结果，这位客户不仅消了气，反而又在这个公司签了一大笔订单。回去后这位客户重新检查了自己的账目，结果他发现有一张账单放错了位置，正是这15美元的账单。于是他马上给迪特公司寄了一封道歉信。

迪特的做法很简单，就是耐心地听对方的倾诉，甚至是指责，这就使对方消了气，因为对方感到受了尊重和理解。但如果迪特不这样做，而是更加严厉地指责对方，并拿出证据让他下不来台，后果会怎样呢？也许客户会当场归还所欠的15美元，但以后的关系就可想而知了。

有很多因素导致推销员无法更好地倾听，可以归为以下几种：

1. 急于辩驳对方的观点，好像不尽早反对，就表示了自己的妥协。

2. 在所有的证据尚未拿出之前，轻易地做出结论。

3. 急于记住每一件事情，结果主要的事情反而没注意到。

4. 常常主观地认定谈话没有实际内容或没有兴趣，不注意倾听，或因一些其他事情分心。

5. 有时想越过难以应付的话题，忽略某些重要的叙述，因为它是由自己认为不重要的人说出的。

6. 有的人喜欢定式思维，不论别人讲什么，他都马上用自己的经验套在一起，用自己的方式去理解。这种思维方式使人难于接受新的信息，不善于认真倾听别人说什么，而喜欢告诉别人做什么。

方式89 与拒绝型客户沟通，千万不要放弃

关键词：与客户沟通·拒绝型客户·沟通方式

适用情境：当遭到顾客拒绝时，可运用此方式。

在推销活动中，顾客拒绝推销员是再正常不过的事情。如果哪个推销员没有遭到任何拒绝，他肯定是还没有开始他的推销业务。因为在推销界，即使是世界级的顶尖推销员，也是经常遭受拒绝的。如果你害怕客户的拒绝，就没法开展工作了。

对于推销员来说，正确看待顾客的拒绝就必须认识到一点，那就是拒绝是成交的必经道路。这样想，你就不会再害怕客户说“不”了。

一个成功的人往往是有积极心态的人，积极心态的人往往是比较乐观的。他们会将别人的拒绝视为一种反省思考的原动力。在推销员们的头脑中要有这样的观念：有拒绝才会有成交，即使没有实现成交，也可以从拒绝中学习到许多值得自己学习的东西。正如爱迪生所看问题的方式一样，有人对爱

迪生用了相当多的材料来试做灯丝却失败了表示十分惋惜，说他这是在浪费时间和精力。爱迪生本人则不这样认为，因为在他看来，至少证实了这些材料是不能做灯丝的。这就是积极的心态，从另一个角度去看，就是将拒绝和失败当作前进的另一种动力。

消极心态的推销员往往是悲观的人。他们将顾客的拒绝视为畏途，一碰到拒绝时就万分沮丧甚至开始自我放弃。很多资料表明在推销员的推销生涯中，被顾客拒绝的比例往往高达60%，而能实现成交的比例还不到10%。推销员遭到拒绝是再正常不过的事情，因此不要太放在心上。

作为推销员，始终都应该保持着“尽人事，听天命”的心态。只要在拜访顾客之前做好了充分准备，只要在拜访过程中能够对答如流，顾客是没有理由来拒绝能给他带来利益的人的。

就一般而言，真正对产品有需求的顾客是不会拒绝购买产品的，如果他拒绝了，往往是因为以下几点：

一是经济上确实有困难。其实，这种原因之所以会出现，完全是推销员自己造成的。推销员进行推销活动之前，应该找准自己的潜在顾客，对顾客经济收入应该判断个八九不离十。这样，就可以有效地避免浪费自己的时间和精力。同时，对于经济上确实存在困难的顾客，推销员应该在自己所能承受的范围内尽量地给予实惠，这样就往往能够促成交易。当然也可以通过变通付款方式来促成你们之间的交易。

二是对产品本身认识的不足。对产品的认识不足往往会导致顾客对产品的拒绝。对于这一类的顾客，推销员应当向他作好充分的产品介绍，尽量让顾客对这种产品所能满足的需求有充分的了解，进而购买你所推荐的产品。

三是顾客本身不敢做是否购买的决定。这种情况往往出现在对价格比较高的产品的购买上。由于种种原因，顾客预见购买产品后可能会产生不良的后果，害怕承担责任。对于这类顾客，你应当尽量地向其说明其他用户使用后的反映情况，如果有必要的话，你也可以留下自己的联系方式和企业地址，以使顾客感到安全、放心。

四是顾客就是有拒绝的天性。这类顾客生来就有不认同别人的天性，推销员说好的东西，他偏偏要嗤之以鼻；推销员说不好的东西，他却要趋之若鹜。对待这类顾客，推销员完全没有必要去理会。当然，也可以用激将法来促使他购买，但是有一个缺点就是这样做很浪费精力，得不偿失。推销员遇到这样的顾客应该很礼貌地离开，不要用自己过多的时间和他纠缠在一起。

方式90 与防卫型客户沟通，以“真诚”赢得客户信任

关键词：与客户沟通·防卫型客户·真诚相待

适用情境：当遇到防卫型客户时，可运用此方式。

对于推销人员而言，在与客户沟通的过程中，当你的谈话对象了解到你是在说服他时，他就会开始防卫起来。他对你产生了恐惧，而恐惧又恰恰是推销的最大毁灭因素。如何让你的客户消除对你的恐惧，从而接受你的服务呢？当场让人相信你讲的都是真话是必不可少的。

原一平已多次拜访一位准客户，但从来不主动详谈保险的内容。

有一回，准客户问原一平：“你我相交的时间不算短了，你也帮了我不少的忙。有一点我一直不明白，你是保险业务员，为什么从未向我介绍保险的详细内容，这是什么缘故？”

“这个问题嘛……暂时不告诉你。”

“喂，你为什么吞吞吐吐呢？难道你对自己的保险工作也不关心吗？”

“怎么会不关心呢？我就是为了推销保险，才经常来拜访你啊！”

“既然如此，为什么从未向我介绍保险的详细内容呢？”

“坦白告诉你，那是因为我不愿强人所难，我素来是让准客户自己决定什么时候投保的。从保险的宗旨和观念出发，硬逼着别人投保也是错的。再说，我认为保险应由准客户感觉需要后才去投保。因此，不能使你感到迫切需要，是我努力不够。在这种情形下，我怎么好意思开口硬逼你买保险呢？”

“嘿，你的想法跟别人不一样。很特别，真有意思。”

“我对每一位准客户，都会连续不断地拜访。一直到准客户自己感到需要投保为止。”

“如果我现在就要投保……”

“先别忙，投保前还得先体检。身体有毛病是不能投保的，身体检查通过之后，不但我有义务向你说明保险的内容，而且你可以询问任何有关保险的问题。所以，请你先去做体检。”

“我知道了，我这就去体检。”

由此可见，首先要由衷地替客户着想，让客户相信你讲的都是真话，对于推销而言是何等的重要。当然，这些都离不开口才的训练。

在训练自己这种口才的同时，你的表情应当是要面带笑容，你握手的方式必须是友善而用力的。

其次，你要能以顾客自己说出的方式称呼他们的名字。与此同时，眼神接触也不可忽视。有种说法，“如果你不看着我，我就无法信任你”，事实也正是如此。

最后，寻找共同的兴趣。一名成功的推销人员就要懂得不断地找出和别人有共同点的地方，有了共同兴趣，亲切感就营造起来了。

培养了良好的感觉，顾客对你的恐惧感会一步步减弱，当他们从心里感觉你是去为他们服务的，他们就会相信你，从而乐意接受你的服务，拒绝的情况就会减少，沟通就会顺利进行，进而使交易成功。

方式91 与犹豫不决型客户沟通，了解其中原因，再对症下药

关键词：沟通方式·犹豫不决·对症下药

适用情境：在推销产品中，客户犹豫不决时，需运用此方式。

作为推销员，在与顾客沟通过程中，不难看出，很多顾客在面对商品时优柔寡断。这时大凡成功的推销员会快速改变对方的摇摆心态、思维。当场所说的每一句话和展示的每一个姿态和语言细节，都决定你与客户的关系是当场发生还是当场终止。

一个年轻人想买一套音响，由于音响品种繁多，加上自身经济条件的限制，他在音响商店前徘徊。

这时一位经销商看穿了他的心思，便上前对他说："我知道你很想买音响，但是这种东西确实很贵，需要慎重考虑选择。你不妨再到其他商店看看，比较一下。俗话说，'货比三家'，还是慎重些好。"

这位年轻人真的去了，然而不久又回到这家商店，而且毫不犹豫地买下了一套音响。因为他在其他商店所作的观察和比较，并没有得出什么结果，而在心理上却已经对那位主动作出劝告的推销商产生了信任感。此绝招适用于：当顾客正为选择购物的场所而犹豫不决时，促使他对你产生信任感是最主要的。要是那位推销商说："我绝不会骗你，不信你买下试试，肯定没错。"或许这位年轻人便不会听信他了。在心理上接近顾客，会达到"不战而屈人之兵"的效果。

某家具店内有位顾客正为买张桌子而举棋不定时，老板如果对他说：

"圆桌有圆桌的好处，而方桌也有方桌的方便之处。"

则这笔生意绝难做成。应说:

“像先生你这样的人,我认为方的比较适合,因为方的与你的个性颇为吻合,若是你买下了可以作个永久的纪念。”

顾客听了这番话,顿时从迷惑中解脱而买下它。此绝招适用于:当顾客为选购商品的品种型号犹豫不决时,最需要的就是旁人有力的忠告。利用这种心理特征,可以巧妙地运用一些说服技巧。

一位卖宝石或高档服装的推销员,对一个犹豫不决的顾客说:

“您用这些东西一定能使你更美,而您的先生也会更喜欢你。”

这句话的含义是说你这么做并非完全是为了自己,同时也是为了你先生。她必定极乐意地买下。如果更进一步地说:

“即使您买了它,若想脱手也一定能高价卖出。这样对于你的家,又何尝没有帮助?”

对方一听,一定会认为她买下这个东西也并非只为她一人,也是为了家庭等。此绝招适用于:当顾客对某一商品在买与不买之间犹豫不决时,必须事先为她(他)设计一套理由:

“你这么做,不但对你自己,对他人也是有帮助的。”

惟其如此,方能将其说服。

在某市的一家华侨商店,有一对外商夫妇对一只标价为3万元的翡翠戒指颇感兴趣,意欲购买又嫌价格太贵,不买却又难以释手。售货员看出这对夫妇的心思,巧妙地对这对夫妇说:

“某国总统夫人也曾光顾此店对它爱不释手,只因价格太贵,也没舍得买。”

言外之意,你们应超过她。这对夫妇闻言果断地付钱买下了这枚翡翠戒指。随后得意洋洋地走出商店,他们为自己比总统夫人还阔气而深感自豪。此绝招适用于:当顾客对买与不买的犹豫只限于价格高低时,不妨采用激将战术,创造条件强化顾客好胜的心理需求,以达到推销商品的目的。

在了解中抓住顾客，主动引导客户往积极的方向走。不要盯住负面的细节大做文章，切勿给对方留下疑虑的思考余地。平时，人的心态是摇摆的，在特殊时期内，人的摇摆习惯、摇摆天性是可以在短时间内被“梦幻”击败的。当然，要想施加影响力和控制力，要想真正能改变对方的所思所想所行，还得自己先具备洞察对方的能力。否则，一切沟通都是在浪费时间和精力。

第十三章

褒贬沟通

忠言不逆耳，好话倍觉甜

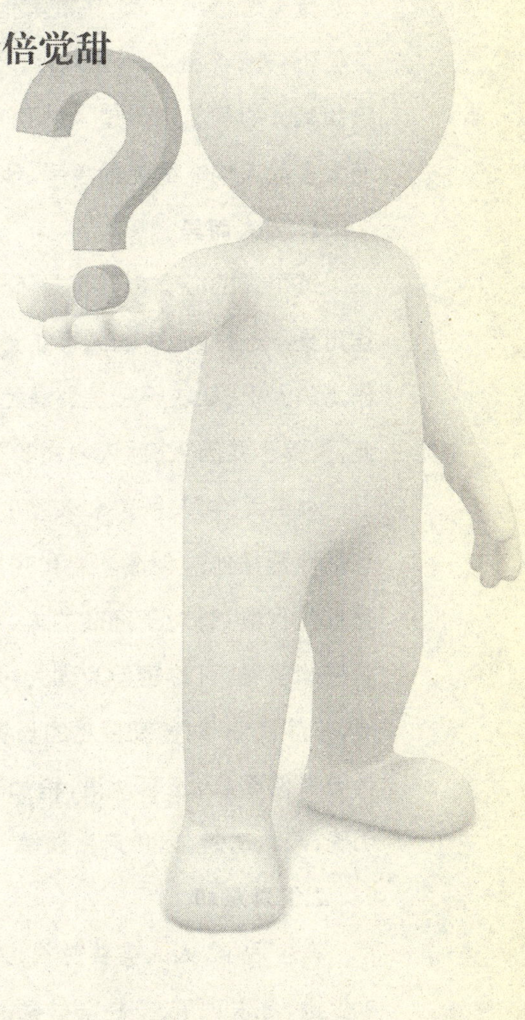

我们的生活、工作都处在一个极小的天地里，并且认为自己是小天地中的重要人物，渴望得到他人由衷的赞美，在犯错误时又希望他人通过善意而巧妙地方式批评自己。所以，掌握赞美和批评的技巧是很有必要的。

方式92 对他人的赞美要发自内心

关键词：沟通方式·赞美技巧·把握尺度

适用情境：当要赞美他人时，可查用此方式。

赞美是一种艺术，在赞美他人时要注意不要奉承，要给人以真心诚意的赞美；另外，在赞美一个人时一定要赞美对方实际存在的优点，把握好尺度。恰如其分的赞美不但使人感到开心与振奋，还能使人觉得被肯定与重视。然而大多数人均非赞美的高手，他们只知道赞美的重要，却不懂赞美的技巧。

1. 因人而异

每个人的心理需要都是不一样的，同一种赞美方法，对不同的人所起的作用是不一样的，有的人可能会欢欣鼓舞，而有的人可能无动于衷。赞美所起作用的大小，取决于它是否满足人们的心理需求，是否符合人的个性特征。因此，赞美也要因人而异，方式要灵活多样，不能千篇一律。

对不同的人，赞美和表扬的方式应该有所区别：对年轻人不妨语气带些夸张地赞扬他的创造才能和开拓精神，并举出几点实例，证明他的确十分优秀且前程似锦；对于经商的人，可称赞他头脑灵活，生财有道；对于身处一定职位的领导，可称赞他为国为民，廉洁公正；对于知识分子，可称赞他知识渊博，宁静淡泊；对德高望重的长者，则要表达敬仰和尊重；对思维机敏的人，赞美要抓住要点，三言两语，稍加暗示即可；对疑心过重的人的赞扬，则要意思明确，表达清楚，以免产生误解……当然这一切都要依据事实，不可虚夸。

2.情真意切

在生活中，人人需要赞美，人人喜欢赞美。这绝不是虚荣的表现，而是渴求上进，寻求理解、支持与鼓励的表现。有时候，一句赞美会产生令人意想不到的效果。例如父母经常赞美孩子，使得家庭气氛和谐；领导经常赞美下属，使得职工的工作积极性、创造性不断被调动、被激发；朋友之间互相赞美能增进友谊；夫妻之间互相赞美能使夫妻感情更加深厚。赞美并不难，难在真心诚意，贵在确有实效。所以说，我们在赞美他人的时候一定要真诚，要做到情真意切。真诚的赞美不但会使被赞美者产生心理上的愉悦，还可以使我们自己经常发现别人的优点，从而使自己对人生持乐观、欣赏的态度。

3. 翔实具体

当赞美是针对一件事情时，赞美会更有力量。例如，我们在社交场合，常听到“你今天好漂亮哦”“你看起来气色很好”等赞美的话语，这些赞美太过含糊笼统，听起来不够真实，会使你的赞美效果大打折扣，远远不如“你今天穿得很好看”更能说到对方的心里去。再例如，“玛丽，你每次和人们说话时，都能让他们觉得自己很重要”肯定要比“玛丽，你很会与人相处”更令人信服。我们来看这样一个故事：

1975 年 3 月 4 日，风靡全球达半个世纪的喜剧泰斗、85 岁高龄的卓别林，在英国白金汉宫被伊丽莎白女王封为爵士。封爵仪式开始，正当卓别林非常兴奋的时候，女王这样赞美卓别林说：“我观赏过许多你的电影，你是一位难得的好演员。”

但是卓别林似乎对这个赞美不来电。事后，有人问卓别林受封的感想。卓别林的回答令人大吃一惊：“女王陛下虽然说她看过我演的许多电影，并称赞我演得好，可是她没说出哪部电影的哪个地方演得最好。”

听到卓别林这样说，英国女王感到非常遗憾。

从这个小故事中，我们可以看出，赞美必须说出具体事实，尽量针对某人做出的某件事，才会产生良好的效果。赞美还应注意以下几点：

1. 语言新颖

赞美的语言要有新意。赞美是所有声音中最甜美的一种，新颖的语言是有魅力、有吸引力的。简单的赞扬也可能是振奋人心的，但如果多次单调重复，也会显得平淡无味。

2. 合乎时宜

赞美之所以要合乎时宜是因为赞美是具有时效性的。当他人计划做一件有意义的事时，开头的赞扬能激励他下决心做出成绩，中间的赞扬有益于他人再接再厉，结尾的赞扬则可以肯定成绩，指出进一步的努力方向。选择适当的时机，进行适当的赞美，赞美才更有效果。

3. 适度赞美

适度赞美，就是说我们在赞美别人的时候不能太过，要适度、得体、大方，否则的话就很容易使对方产生反感。尤其在赞美领导的时候要特别注意适度。领导者同其他人一样，也有七情六欲，也会为成功而欢欣鼓舞，因失败而痛惜不已。因此，我们给予领导适度的赞扬，能够在不同程度上增强领导的进取心和自信心，但不可借赞扬之机，无原则地对领导大加吹捧。赞扬不当，很可能会使领导已经发热的头脑更加“热”，进而由“正确”转化为“错误”，而我们也可能会受到领导的斥责，被领导视为“小人”。

总而言之，赞美是用一支火把照亮别人的生活，同时也照亮自己的心田，有助于促进被赞美者美德的发扬和推动彼此间友谊的健康发展。另外，赞美并非只能献给有杰出成就的人，对于我们周围的许多普通人，包括对某些自己不太喜欢和不如自己的人，也同样应真诚且热情地给予赞美。因此，请学会赞美，学会赞美身边的每个人，因为赞美不但会使赞美的对象感到自豪，自己也会变得完美起来。

方式93 夸人要夸到点子上

关键词:赞美沟通·夸奖他人·语言技巧

适用情境:当不知该如何夸奖他人时,可运用此方式。

语言是人与人之间沟通的最好工具,赞美的语言更是人际关系和谐不可或缺的润滑剂。在现实社会里,会说赞美话的人,肯定比较吃香,办事情也更加顺利。当一个人听到别人的赞美时,心里总是非常高兴,脸上堆满笑容,口里连说:“哪里,我没那么好,你真会讲话!”事实上,被赞美者明知对方所讲的可能是恭维话,却还是没法抹去心中的那份喜悦。因为,爱听溢美之词是人的天性,虚荣是人的弱点。当你听到他人的吹捧和赞扬时,心中会产生一种莫大的优越感和满足感,自然也就会高高兴兴地听取对方的建议了。

霍尔·凯因出生在一个非常贫困的家庭,父亲是个铁匠。因为家庭环境十分清苦,霍尔·凯因只读了8年书就辍学了,开始在外面打工为生。但是,霍尔·凯因从小就很喜欢“十四行诗”和“民谣”,非常崇拜英国诗人罗塞蒂的文学与艺术修养。

有一次,鉴于对罗塞蒂的文学与艺术修养的推崇,霍尔·凯因给罗塞蒂写了一封信。霍尔·凯因在信中高度赞美了罗塞蒂在艺术上作出的贡献,并表示自己十分崇拜罗塞蒂。

接到信以后,罗塞蒂非常高兴,立刻对从未谋面的霍尔·凯因产生了好感。罗塞蒂心想:如此赞美我的人,一定是能读懂我的诗的人,那么他也一定是个很有才华的人。没过多久,罗塞蒂就请霍尔·凯因来伦敦给自己当秘书。

给自己十分崇拜的人当秘书,这是霍尔·凯因万万没有想到的。从此,霍尔·凯因的一生发生了转变。就任罗塞蒂的秘书以后,霍尔·凯因有很多机会和当时的知名文学家往来。在这种情况下，霍尔·凯因得到了很多文学家的指点和鼓励，再加上自己不断的努力，没过几年，霍尔·凯因便开始在文学圈内崭露头角。

后来，在罗塞蒂的帮助和自己的努力下，霍尔·凯因终于获得了成功。如今，霍尔·凯因在曼岛的私人宅邸，已成为来自世界各地观光者必瞻的名胜之一。

引导霍尔·凯因走向成功之路的只不过是他对别人的一次赞美。如果当初他未曾写信给罗塞蒂，说不定只能穷途潦倒地走完一生了。

可见，赞美的力量是巨大的。赞美作为一种交际行为和手段，它的作用在于：激励人们不断进步；能对人的一生产生深刻的影响，促进人与人之间的感情。威廉·詹姆斯说过：人性的根源有一股被人肯定、称赞的强烈愿望，这是人和动物的最大不同点。谁不想被身边的人称赞？谁不希望别人肯定自己存在的重要性与价值？但是，十分露骨的奉承话，却没人愿意听，而发自内心的真诚的赞美语言，却能打动任何人的心。这就需要我们不仅要有赞美别人的意识，更要学会赞美。也就是说，赞美不能是单纯的阿谀奉承，要讲究一定的技巧：

第一，赞美要发自内心、真心真意。这是赞美别人时最应该注意的地方，如果言过其实，对方就会怀疑你的真实目的。

第二，试着多赞美那些自卑感很强的人，特别是那些被压抑、自信心不足的人。他们一旦得到他人真诚的赞美，自信心会倍增，精神面貌会焕然一新，会重新鼓起生活的勇气。

第三，赞美别人的时候不要含糊其辞。含糊其辞的赞美容易使被赞美者窘迫、混乱，甚至紧张。

第四，赞美要有分寸。我们都知道，适度的赞美能使人树立信心。反之，会使人反感、难堪。这就告诉我们，赞美别人的时候，内容要适度，要有分寸，要恰如其分；赞美的方式、地点要适宜；赞美的频率要适当。

第五，赞美要有所选择。这就是说，不要赞美别人身上众所周知的长处，应赞美他们身上既可贵又不为人知的特点，这样才更容易取“悦”于人。

爱听溢美之词是人的天性，虚荣是人性的弱点。人人都需要赞美，需要别人的肯定，抓住了这个心理，就抓住了交际成功的关键。多用赞美语，不用花钱，就能建立良好的人际关系网。

方式94 选择适当时机“背后赞美”

关键词：赞美式沟通·背后赞美·赞美方式

适用情境：为了让赞美取得更好的效果时，可运用此方式。

一般来讲，赞美就是要面对面，当面指出对方的长处、赞美别人的优点，但有时候，如果我们能选择一个适当的时机进行“背后赞美”，把好话说在背后，仍然能取得很好的效果。

从前，有个性格非常古怪的县令。他每一次发布新政令，都要求属下交口称赞。最初，下属们称赞县令的时候，县令非常高兴，但是时间长了，县令就觉得很不过瘾，因为下属们每一次称赞县令时都是那么几句话，就是那么几个人。

有一个聪明的下属看出了县令的心思，就想来点新鲜的，让县令高兴高兴。

这天，县令又发布了新的政令。那个聪明的下属没有像以往一样当面称赞县令，而是故意在一旁悄悄地对人说：“凡是身居高位的人，大多喜欢别人的奉承，但我们老爷不是这样，他对别人的称赞一向不放在心里。”

县令从别人那里听到了这个下属的话，心里非常高兴，马上唤来那个下属，手舞足蹈地对他称赞不已：“好啊，知道我心思的，只有你了！”

从那以后，这个聪明的下属得到了县令的重用。

我们知道，差役的这一席话实际上是想说给那个爱听恭维话的县令的。

然而，这个差役并没有向别人那样当面恭维县令，而是把恭维话说在了背后，用和同伴背后议论的方式，有意识地让县令把自己的赞美听到耳朵里去，把县令捧得极高，而达到自己讨好县令的目的。差役的这一做法是极为聪明的，并且也取得了良好的效果。

下面是一个老师的一篇日记，也证明了“背后赞美”的神奇效力：

一天，我刚刚听完我班的语文研讨课。正当我与几个同事在办公室讨论的时候，门外响起了“嗵、嗵、嗵”的脚步声。我扭头一看，是我班的学生关效帅——一个整天松松垮垮、丢三落四、很贪玩的学生。同事说关效帅这节课还发言了，而且语言表达能力很强。我随口说：“是啊，这节课他的确很帅，他呀聪明又帅气，就是学习……”话未说完，上课铃响了，我赶紧朝教室走去。

下课以后，我有些奇怪：关效帅今天像换了个人似的，上课不但坐得笔直，认真听讲，发言的次数很多，而且还比较有自己的想法。曾经在课堂上小动作多、管不住自己的他，这是怎么了？临下课时，他还把写得比以往整齐得多的作业本及时交上，而平时他总是拖到最后啊！

中午放学后，我到校外的商店里买食品，发现关效帅和一个比他大一点的女孩正趴在文具柜上挑学习用品。两人一边挑，一边说着话：“姐，你们的数学老师喜欢你吗？我们的数学老师可是非常喜欢我呢！”关效帅的语气很骄傲。

“你怎么知道？”女孩有点不相信。

“告诉你吧！”关效帅说，“今天上午第一节课，我从数学老师门前走过，听到老师说：‘这个关效帅呀，他的确很帅，他呀聪明又帅气……’”

关效帅那惟妙惟肖的样子把商店的老板逗笑了：“你们老师还挺喜欢你，看来你的成绩一定不错了！”

“嗯……”关效帅挠了挠头，忽然他咧嘴一笑说，“你说的恐怕是今天和以后的我呀！”

嘿，我上午哪是表扬他呀，多么奇妙的误解！我不由感叹起来。我以前也曾在全班同学面前对关效帅提出过真正的表扬，但绝对没有像今天这样收到立竿见影的效果。我想了好久终于明白了这种表扬的魔力:这种表扬来自背后,受表扬的人不在现场,所以不会认为是假情假意或讽刺奚落;这种来自背后的表扬,会使受表扬者感到真诚,受到鼓舞,会产生巨大的推动力;这种来自背后的表扬发挥了评价的激励作用,因此收到了意想不到的效果。

正像这位老师在日记里所记载的那样,背后的表扬和赞美的确有更神奇的效力。

那么,背后赞扬为什么比当面赞扬更有效果呢?按照一般的理解,当面说的坏话不算坏话,背后说的好话才是好话。所以人们更容易相信背后的好话,会更加欣赏那些在背后说自己好话的人。正如罗斯福的副官布德所说的那样:背后颂扬别人,比当面赞扬更为有效。

背后赞扬是一种至高的技巧,在人背后赞扬人,在各种赞扬的方法中,要算是最使人高兴也最有效果的了。如果有人告诉我们:某某人在背后说了许多关于我们的好话,我们会不高兴吗?这种赞语,如果当着我们的面说给我们听,或许反而会使我们感到虚假,或者怀疑他不是真心诚意的,而间接听来便觉得很悦耳。

方式95 不留痕迹的赞美才是最高明的

关键词:赞美沟通·赞美技巧·不留痕迹

适用情境:想让夸奖达到的预期或更好的效果时,可运用此方式。

夸奖别人的话人人会说,但并不是每一个人都能取得夸奖所能达到的预期效果。原因何在?就在于夸奖的笨拙与高明,深谙夸奖妙处的说话高手,对对方的性格了如指掌,知道什么样的人应当采用何种赞美方式,他们对对方的赞美,往往能说到对方心里去,而且让对方听不出你是在故意“捧”他。这样才能紧紧抓住对方的心。

清末时，有一个官员名叫蔡乃煌，小有才气，最擅长“诗钟”。诗钟是中国古代的一种文艺活动，活动的规则是，在规定的很短时间内，做出一副七言对联，并要求在每一句的规定位置用上抽签决定出来的字。

由于涉嫌贪污案，蔡乃煌被免除了职务，但是，他一直都在活动，希望能官复原职。很快，他就托了朋友，想搭上袁世凯、张之洞的线。

那时候，袁世凯、张之洞刚刚用计除掉了政敌，可谓是大权在握、春风得意的时候。有一天，听朋友说庆王、袁世凯、张之洞等人在某饭店玩诗钟游戏，于是蔡乃煌就急忙赶了过去。

那一天，大家抽出来的字眼是“蛟”、“断”二字。活动主持人决定把这两个字用在每一句的第四字位置上。

当众人还在构思的时候，只听得蔡乃煌已经吟诵道：“斩虎除蛟三害去，房谋杜断两心同。”

大家齐声叫好。上联用“周处除三害”的典故，隐喻除掉政敌。庆王与袁世凯听了，都觉得是在颂扬自己。下联用了唐初贤相房玄龄、杜如晦的典故，实质上是要称颂袁世凯与张之洞。张之洞听了后也很是得意。

蔡乃煌所作之“诗钟”，其字面上一句戴高帽的话都没有，而事实上，这无疑是最高明的称颂。就这样，蔡乃煌赢得了当权实力派人物的欢心，不久后就官复原职。

的确如此，恶俗的直接赞美会让喝过几斤墨水的人难受甚至看轻你。面对这样的人，你的赞美之词要含蓄，但是一定要打到对方的心窝里去。让对方领受你的赞美的同时，对你刮目相看。

那么，怎样才能做到赞美而不留痕迹呢？

1. 头脑灵活，善于做戏

据说乾隆皇帝待在宫中良久，便觉生闷，于是某月某日，便带上了一班大臣，乘着龙船，沿着卫河南下，准备到农村去巡视。在豪华龙船上，乾隆倚身窗前，观赏一路上的乡村景色。他看到路边农民在田野里耕作，牛羊在岸边吃草。如此景色，他从前只在图画里见过，如今却活生生地呈现在眼前，真令人心旷神怡。

龙船又绕过了一座山，远远看到了一处乡村。乾隆忽然想了解一下农村情况和民间有什么疾苦，于是他便命人召来了一个正在田间除草的青年农夫，要详细询问一番。

凑巧这个青年是位聪明人，他知道皇帝在京城里闲得发慌，借着巡视的名义，四处观光。因此，自己千万不能谈民间的真实情况，否则，万一惹恼了皇帝，自己会性命难保。于是，他尽拣好话说，乐得皆大欢喜。

乾隆问道："今年的收成如何？"

青年农夫回答说："又是一个丰收之年。"

"农人的生活怎样？"

"家家户户衣食丰足。"

"地方长官还贤良吗？"

"个个爱民如子。"

乾隆皇帝听了之后，果然龙心大悦，面带笑容。原来，大臣们平日里上奏的农村情况正是如此。如今看来，果真是国泰民安呀。

此时，乾隆一高兴，便叫来身边的大臣们，让他们各自报出自己的姓名，然后由这个农民来分辨他们的忠与奸。

大臣们明白乾隆是要通过这个农民，收集一下百姓们对他们的舆论，万一农民说出了真实情况，触怒了皇上，后果实难预料。但是，大家又不敢违抗圣旨去隐瞒自己姓名，因此，那些贪官污吏们真是个个忧心忡忡，哆哆嗦嗦。

大臣们逐一报上自己的姓名。其中有好些大臣的名字这个农民都比较熟悉，而民间里也经常有所议论，这些大臣里自然有忠有奸，但是，自己又怎好照实回答呢。他寻思，这是皇帝在做戏呢，自己得想个万全之策，否则，不论得罪了哪一个大官，自己都只能是吃不了兜着走。幸好，这位农民的头脑灵活，一下子就有了主意。

于是，他就上前奏道："皇上，满朝都是忠臣。"

乾隆问："你是怎么知道的呢？"

青年农夫回答道："我每次看到演戏，都发现台上的奸臣像曹操、秦桧这些人，都是满脸白粉。但今天我看到皇上身边的大臣们，个个体态端庄，面色红润，所以知道他们都是忠臣。"

乾隆听了，大笑不已。他身边的众大臣，也都暗暗舒了口气。

2. 不卑不亢，巧妙应答

不卑不亢的态度，就是没有故意做作的装腔作势，给人的印象就是"实诚"。你想，"实诚"人的赞美会是虚假的吗？

南朝有个王僧虔，他是晋朝大书法家王献之的后代，学识渊博，智慧过人，尤其以书法闻名于世。

在少年时代，王僧虔曾在一把扇面上用隶书写了一首诗，被南朝宋文帝看到了，大为惊奇，于是便把他召来做太子的门人。到了元朝年间，王僧虔还被拜为吏部尚书。

当时，雍州破获了一桩盗掘古墓的案子，收缴了大批珍宝文物，其中还有一批竹简、皮革和锦帛，上面写了许多文字，但没有人识别得出来。这时，人们想到了王僧虔，便拿这些文字去请教他。

王僧虔看了后说："这些是蝌蚪文，记载的是周朝典籍中所缺遗的材料。"这时，南朝的宋已经被齐所取代。齐高帝萧道成非常赏识他，便拜了他为侍中。

萧道成也是热爱和擅长书法之人，当然，他心里也明白，自己的水平还是比不上王僧虔的。某日，他突然心血来潮，想要跟王僧虔一试高低。

其实不用比试，胜负也是明摆着的。并非因为对手是皇帝，就能够故意谦让得了的。王僧虔写字从来都是严肃认真，一丝不苟的，接到皇帝要跟自己比试的"战书"，他还是像往常一样，写出了一幅浑厚淳朴的正楷大字和一幅游龙走凤的草书。

在场的大臣，在由衷赞叹之余，又都为王僧虔暗暗捏了一把汗。难道他不知道对手是至高无上的皇帝吗？赢了皇帝，那还了得！

齐高帝萧道成也写完了字，然后问王僧虔道："你看我们的字，谁是第一名？"王僧虔仔细看了高帝的字后，认真地回答道："臣第一，陛下也是第一。"萧道成哈哈大笑，说："世间哪有这个道理呀，比赛哪会有两人都得第一的？"王僧虔从容地回答说："世间上本来就没有天子屈尊与臣子比赛的呀！臣说陛下第一，是指对其他帝王而言；说小臣第一，是指对齐朝的大臣而言的。"

试想，王僧虔假设违心地恭维皇帝的字天下第一，自己远远不如皇帝，不但给大臣们留下一个溜须拍马的无耻形象，而且皇帝也会认为他很虚伪。如此，不但达不到恭维的效果，反而会让别人看轻他。但王僧虔的巧妙之处在于，承认自己是第一，但是，皇帝也是第一。他的第一是针对大臣而言，而萧道成的第一是针对皇帝而言。可见，王僧虔不但善辩，而且还是个不着痕迹赞美他人的高手。

方式96 迂回赞美效应更神奇

关键词：赞美式沟通·赞美技巧·迂回赞美

适用情境：想通过各种途径，各种表现方式来表达对对方的赞美时，可运用此方式。

有人非常善于称赞别人。就算不是什么特别值得称赞的事情，也还是会称赞。不仅如此，善于称赞别人的人，不仅善于直接地称赞对方，而且还会通过各种途径，各种表现方式来表达对对方的赞扬。这种迂回的赞扬方式之所以容易为对方所接受，并进一步吸引对方，其关键之处就在于，虽然不是直接对什么样具体的事物表现出赞美之意，而是有这层意味但以间接的方式来赞美，这样反而更有效果。

杰克·琼斯是芝加哥一位富有的慈善家，他把大量的时间和金钱都奉献于心脏病的研究，这是他最热心的一桩事业。

国会参议院的一个委员会正在就建立全国心脏病基金会的可能性进行调查，因此要求琼斯到会作证。为了准备发言，他请教了一些最优秀的专家。而民间的心脏病研究组织也非常配合他的工作，帮助他准备了一系列将要递交给参议员们的呼吁书和简明翔实的文件。

当他带着准备好的发言材料去出席听证会时，他发现自己被安排在第6个发言作证，前5人都是著名的医生、科学家以及公共关系专家，这些人终生都在从事这方面的工作。委员会对他们每个人的资格都进行了一一盘问，有时候甚至还会突然问道："你的发言稿是谁写的？"然而，杰克·琼斯看得出来：缺乏医学专业知识的议员们对专家们那内容高深的演讲依旧是半信半疑的。怎么样才能让参议员们顺利通过心脏病基金会成立的提案呢？他边听其他人作证词陈述，一边在想办法。终于，他想到了一个很好的法子。

终于轮到杰克·琼斯上台发言了。于是他走到议员们面前，对他们说："先生们，我准备了一篇发言稿，但我决定不去使用它了。因为，我怎么能跟刚才已经发表过高见的那几位杰出人物相比呢？他们已经向你们提供了所有的事实和论据，而我在这里，则是要为你们的切身利益而向你们作一呼吁。你们是美国的优秀分子，肩负着重大的责任，决定着美国的沉浮，现在你们正处于生命最旺盛时期，处于一生事业的顶峰，你们日夜为国家呕心沥血，工作十分紧张和辛劳，正因为如此，你们的心脏最有可能受到损害，你们最容易成为心脏病的首先牺牲者。为了你们自己的健康，为了你们家庭中时常祈祷你们安康的妻子和儿女，为了千千万万个把你们送进这个大厅的选民们，我呼吁和恳请你们对这个议案投赞成票！"

杰克·琼斯面带感情，慷慨陈词，一口气谈了三刻钟。他的话音一落，议员们全被他彻底地征服了。

很快，全美心脏病基金会就由政府创办了，琼斯成为首任会长。

指出了议员们是美国的"优秀分子"并"肩负着重大责任"，这种荣誉感和使命感是任何一个优秀人才都无法拒绝的赞美，进而提出心脏病对议员们本身的威胁，即使你们不为自己的身体负责，也要考虑到你们肩负着的重大责任，言下之意就是说，身体不仅是你们自己的，也是全国人民的，你们对自己的身体不负责也就是对全国人民的不负责，这种迂回的赞美方法，成功地"俘获"了议员们的心，这是杰克·琼斯发言的成功关键。

1. "倾心仰慕"最能打动人

真诚直接赞美对方，当然可以收到友好回馈，此外，如果你能迂回地表达对对方的倾心仰慕，对方也必定会对你印象深刻。

2. 称赞容易被人忽略的地方

迂回赞美不单单是指把第三方的赞美话语巧妙地转述给谈话对象，它还包括称赞谈话对象强项以外的容易被人忽略的地方。

3. "期待式"的赞美最有效

迂回的赞美术还有一个优点，就是哪怕被对方拒绝也不会失却面子，而且你赞美在先，对方从感情上无法不满足你的期待。这一招在谈判或者是说服中特别有效。

4. 只管赞美，休谈正事

赞美对方，说得难听一点，就是讨好、巴结对方，是有一定的目的的。懂得迂回赞美之妙的人深知，只有先把对方说高兴了，才有可能达到自己的目的。他们的具体做法就是，除了赞美还是赞美，丝毫不流露出自己的真实目的。等把对方"捧"迷糊了，好事自然就来了。

方式 97 用赞美的语言为客户制造意外的惊喜

关键词：赞美沟通·意外惊喜·赞美技巧

适用情境：发现对方与外表相异的气质时，可运用此方式加以赞美。

根据美国《幸福》杂志下属的名人研究会研究的结果表明：人际关系的顺畅是事业成功的最关键的因素，而赞美别人是处世交际最关键的课程，因此如果你懂得如何去赞美别人，再加上你聪明的脑袋，还有脚踏实地的精神，就等于事业成功了一半。从很大意义上讲，学会赞美他人是事业成功的阶梯。

马克·吐温说过，一句美好的赞美，能使我们不吃不喝活上两个月。他的话深刻揭示了这样一个道理，每个人内心深处最持久、最深层的需求便是对赞美的渴望。学会赞美客户，尤其是给予客户一些意外的赞美是提高销售业绩的秘密武器。怎样的赞美才是让客户意外的赞美呢？很重要的一点就是发现客户的"表里不一"，对客户那些与外表相异的品质给予赞美。

我们都知道三国名将张飞，从外表上看去，他就是粗人一个。如果我们"以貌取人"，大概谁也不能把张飞和"细致"联系起来，但是下面这个实例却说明，张飞也是一个细致的人。

张飞在长坂坡，面队洪水般冲杀而至的曹操数十万大军，曾命令手下的骑兵，拖着树枝往来驰骋，冲起了漫天尘土，令曹操真的以为有一支兵马埋伏在这里，因此而不敢贸然进攻，使得刘备得以延缓战机。这可以说是张飞有勇有谋、粗中有细的地方。

可是张飞有勇有谋、粗中有细的性格，表现得最为充分的，是当他奉军师诸葛亮之命，从荆州赴西川支援刘备的路上。当时，巴郡太守严颜闻听张飞带兵将到，便要迎敌。他手下人劝他深沟高垒，坚守不出，激怒张飞，让张飞军中生变，可乘机擒获张飞。可是结果呢，不但不是严颜擒获了张飞，反而是张飞擒获了严颜。

开始的时候，张飞屡攻巴郡不下，确实暴怒。后来，他明白硬攻是难以奏效的，便让军士叫骂，想骂严颜出来交战，可是严颜却不肯上当。张飞又令军士上山打柴，顺便寻找路径。严颜感到奇怪，便让自己的军士扮作张飞军士的模样，也上山打柴，并乘机混入张飞营中，打探消息。张飞故意放出消息，说要在三更从小路上去。严颜听得士兵回报，三更便率军出城，要夺张飞粮草。可是张飞早已经算好了严颜的图谋，冷不防杀了出来，严颜措手不及，被张飞擒获。严颜坚贞不屈，张飞十分佩服，放了严颜。严颜感张飞恩德，劝降了45个关口，使张飞胜利到达雒城，为征服西川夺得了头功。

这个例子说明，任何人都可能具备与外表不一致的品质。但是，在现实生活中，我们很多人都容易"以貌取人"，所以与外表不一致的优点往往是最容易被别人忽视的。如果你能够敏锐地捕捉到对方与外表不一致的优点并给予赞美，对方必然会产生到一种被重视的愉悦，会产生一种巨大的惊喜感。这样一来对方非常容易地就和你建立起一种友好的关系。

当然，要发现对方与外表相异的品质，需要你用心去观察。往往这样的优点并不是很轻易地表现在外的，你要通过与对方的交往，用心地观察和了解客户，从一些看似不起眼的小事中发现对方的闪光之处。只有真正了解了对方，赞美才能言之有物，情感才能发自内心，客户也更乐于接受。由衷的赞美是人生中最令对方温暖却不令自己破费的礼物，它的价值是难以估计的。当你用心观察到对方与外表相异的品质，并且发自内心地表达赞美时，对方意外的惊喜会汹涌袭来，友善的关系便在一言一语中逐渐建立、累积。从现在起，我们应该培养发现别人与外表相异的品质，并学习赞美的技巧，时时准备为你的客户制造惊喜，而这也是为自己制造销售惊喜的好方法。

方式98 对他人最近好的变化给予赞美

关键词：赞美沟通·意外惊喜·巧妙奉承

适用情境：想通过赞美给对方一个意外惊喜时，可运用此方式。

每个人都有虚荣心，让人满足虚荣心的最好方法就是让对方产生优越感。但是并不是每个人都能功成名就，使自己的优越感得到满足，相反地，大部分的人都过着平凡的日子。每个人平常都承受着不同的压力，往往有志不能伸，处处听命于人。虽说常态如此，但是绝大多数的人都想尝试一下优越于别人的滋味，因此，这些人会比较喜欢那些能满足自己优越感的人。巧妙地奉承、阿谀固然能满足一些人的优越感，但也有弄巧成拙的时候。让人产生优越感最有效的方法是对于他自傲的事情加以赞美。而越来越好大概是每个人都会引以为傲的事情，因此，我们要善于发现对方最近好的变化，给予客户惊喜的赞美。若是对方穿了一件很漂亮的新衣服，你可赞美他有品位并向他请教如何搭配衣服；若是对方新换了一个发型，你可赞美他的发型让他看上去更具成功人士的魅力，等等。经常对他人好的变化给予赞美，对方会产生一种被关注的感觉，彼此距离拉近，能让双方的好感向前迈进一大步。

关注到对方细微的变化并指出来，传递出去的信息是："你在我心目中很重要，我时刻关注你的变化。"觉察到对方最近好的变化，就要大胆地表达出来。对于好的变化，一定不要吝惜赞美之词。　　冯女士是一名会计，上过"人际关系"课之后，深感赞美之重要，也记得老师在课堂上说的话——"领导也需要赞美，不会赞美领导的人，人际关系就没有入门"。

一天上午，她的领导穿了一套新西装，得意洋洋地来到会计室，在女士们面前转了一圈儿。冯女士及时称赞道："李经理，你这西装穿得真帅气。你个子高，显得更加英俊潇洒，真是玉树临风啊！"其他几位女士一起附和道："是啊，帅呆了。”

领导很得意，问她们：“别净说好的，你们看看有什么不妥？”

她们看了看，说：“好像袖子上这个标签应该去掉。”

领导一看，立刻冲她们说：“是吗？刚买的还没来得及剪，拿剪刀来，剪！”

中午，领导又来到了会计室，见她们个个都在座位上，便问：“你们中午怎么也不出去转转？”

大家异口同声道：“时间那么紧，吃完饭，也快上班了。”

“是吗？这样，以后中午多给你们一些休息的时间，出去转转，会计更需要头脑清醒。”领导当场拍板。

就这样，她们每天多了半个小时的休息时间。

冯女士发现领导的新衣服，并且及时说了几句赞美的话，换来的回报是不小的——以后她和同事们就能够多拥有半个小时的休息时间。这个例子说明，赞美别人的确是相当有价值的投资。

人人期待被关注，对客户的变化视而不见，传递的信息是：“我根本没把你放在眼里，你不值得我关注。”这样客户必然会不高兴。一个人心中充满了期待时，如果你视而不见，他会很失望的。

某单位的小王和小张因一件小事发生口角，小张每遇到小王必冷嘲热讽一番。有一次，小张的一篇文章发表了，单位的人却一无所知，小张觉得很憋闷，整日愁眉苦脸。小王看穿了小张的心思，便大张旗鼓地在办公室里公布了这个消息，并向小张表示祝贺，小张在欣喜和陶醉之余，向小王投去了感激和钦佩的目光。从此，小张不仅和小王重归于好，而且得到了同事的一致称赞。

其实，赞美别人，就是肯定自己。观察到客户最近好的变化并由衷地赞美，就是对自己有信心地表现，也是对自己的观察的一种肯定。不要以为赞美别人是一种付出。从“生命能量”的观点来说，这其实是一种能量的转换，人赞美别人的时候，你已经获得了更多的力量。你从嘴里吐出赞美的话，一如粒粒珍珠，挂在胸前，它令你充满喜悦的心，更加光华耀眼。

有调查显示，让他人对你产生好感的方法，是基于三个出发点——尊重、体谅、使别人快乐引申出来的，而发现对方最近好的变化并给予惊喜的赞美则是让对方快乐的一个非常有效的好方法。

方式 99 借别人的话表达出你的赞美

关键词：沟通方式·赞美沟通·赞美技巧

适用情境：与他人沟通要赞美对方时，可运用此方式。

我们都知道著名销售人物原一平一个很重要的成功之道是"以赞美对方开始访谈"。每一个人，包括我们的准客户，都渴望别人真诚的赞美。有人说："赞美是畅销全球的通行证。"因此，懂得赞美的人，肯定是会推销自己的人。赞美不仅可以直接说自己的感受，也可以借助他人的评价或感受。

原一平有一次去拜访一家商店的老板。

"先生，你好！"

"你是谁呀！"

"我是明治保险公司的原一平，今天我刚到贵地，有几件事想请教你这位远近出名的老板。"

"什么？远近出名的老板？"

"是啊，根据我调查的结果，大家都说这个问题最好请教你。"

"哦！大家都在说我啊！真不敢当，到底什么问题呢！"

"实不相瞒，是……"

"站着谈不方便，请进来吧！"

就这样轻而易举地过了第一关，也取得准客户的信任和好感。

赞美几乎是百试不爽，没有人会因此而拒绝你的。这种以赞美对方开始访谈的方法尤其适用于商店铺面。在原一平的这个案例中，他其实是借助别人的赞美之语来赞美商店老板，坦诚告诉老板他在当地有很好的口碑。这样一来，对于别人的诚恳求教，商店老板大都会热心接待，会乐意告诉你他的生意经和成长史。而这些宝贵的经验，也正是推销员需要学习的。既可以拉近彼此的关系，又可以提升自己，何乐而不为呢？原一平告诉大家，请记住，下次见到准客户，以赞美对方开始访谈。

但是赞美客户也并一定总能产生好的效果，比如很多销售人员就常常困惑："为什么我很真诚地赞美顾客，但是顾客觉得很不舒适，却因此而走掉了！"这个问题很有代表性，好的赞美会大大拉近与顾客的距离，促进销售，但是不合适的赞美只会让顾客觉得虚伪、做作和不舒适。因此，赞美时也一定要注意技巧，借别人的口去赞美客户就是一个很好的途径，因为有一些话借助别人的口说出来比自己说出来具有更好的效果。

三国中，貂蝉就是利用它来达到自己的目的。三国时期的美女貂蝉，之所以能接近吕布，制造矛盾，挑拨吕布与董卓的关系，使用的不仅仅是美人计，还有她不动声色的赞美之功。

貂蝉对吕布说："妾虽在深闺，但久闻将军大名。本以为在这世上就将军一人有如此本领，但听到别人闲言，说将军受他人之制，如今想来，着实可惜。"边说边泪如雨下。

吕布听了很惭愧，满怀心事地回身抱住貂蝉，安慰她。貂蝉借助别人传说的话把吕布称赞得世间无人能及，挑起吕布的虚荣心，再巧妙地挑拨他受董卓之制，身为一个热血男儿，又怎能受到如此之羞辱呢。这些只言片语，正是以后董卓与吕布之间矛盾的导火线。因此，借助别人之口的手段，其威力可见一斑。大多数男性都希望既得到女性的尊重，又得到一世英名。所以当有女性这样赞美他，而且又说是听别人说的，就会令他有一种错觉，觉得自己很了不起。

用别人的话来带出你的赞美，话语间是别人的赞美，但实际上是你的赞美。这样的话不仅能准确地传达你的意思、想法，还能使对方愉快地接受。这种借助别人的话来表达你的赞美还有一种妙用，就是它能把你的立场模糊起来，变被动为主动。

借助他人的评价来带出自己的赞美之语更有说服力。比如在商场买衣服，销售小姐说："你穿这件衣服特别好看。"这样的话你未必会相信，但是如果销售小姐说："刚才那位顾客说你穿这件衣服特别好看。"听者一定会觉得非常愉快，而且购买欲望会更加强烈。

方式 100 批评的话语要委婉，不能太过直接

关键词：批评式沟通·批评技巧·语言委婉

适用情境：当要批评他人而不知道该如何说时，可运用此方式。

批评是一把双刃剑，用得恰当，批评是一剂良药，可以让对方心服口服，成为对方改正错误的契机，用得不好就会像利剑一样刺伤对方的心灵，伤害对方的自尊心和自信心，甚至还可能引起双方关系的破裂。所以，批评别人一定要讲究技巧，不能鲁莽行事。

秦朝末年，刘邦在樊哙、张良等人的帮助下，率兵突破函谷关，攻进咸阳，灭了秦朝。

当刘邦率兵进入秦朝皇宫的时候，皇宫里不计其数的美女和珍宝，一下子吸引了刘邦的注意力。刘邦哪里见过这么多的美女和好玩意儿？于是决心留在皇宫里，享受一下做皇帝的快乐，但是，当时的情况又不允许刘邦这么做，因为当时的楚霸王项羽实力超强，也在觊觎着皇帝这一宝座呢。刘邦只有退出咸阳，积蓄力量，等自己实力超群的时候再和项羽一争天下，但当时，刘邦却让这些美女和珍宝给蒙住了眼睛。跟随刘邦打进咸阳的兵将们都很着急。

樊哙是个急性子，看见刘邦这样不思进取，非常生气，就气冲冲地批评刘

邦说："沛公，你到底是想得天下，还是想当富翁？一见到这些美女、珠宝你就没有心思打仗了？你可知道，这里可是秦朝的亡室啊，我们还是赶快回到灞上去吧，这里待不得啊。"

听了樊哙的意见，刘邦很生气，虽然没有进行反驳，但是脸上明显有不悦之色，更没有要采纳的意思。

张良听说了此事，觉得樊哙批评得很对，就来到刘邦的住处，对刘邦说："秦王暴虐，不得人心，我们才取得了胜利；您现在一进咸阳，就像秦王一样享乐，难道您想蹈秦王之覆辙？况且现在还有一个更加强大的对手在等着我们呢！要是再这样下去，我们所取得的任何胜利都将成为项羽称王的铺垫。我想那肯定不是您想要的结果吧！俗话说得好：'良药苦口利于病，忠言逆耳益于行。'我们还是照着樊将军的话做吧。"

听了张良的话，刘邦一下子意识到了自己的错误，立刻决定退出咸阳，还兵灞上，等待时机。

同样是批评刘邦，樊哙失败了，并引起了刘邦的不悦；但是张良取得了成功。究其原因，樊哙行事太过鲁莽，在批评刘邦的时候，质问中含着谴责，让刘邦觉得很没面子，难怪刘邦不但没有接受，还在心里对樊哙产生了反感；而张良在批评刘邦的时候没有按照常人的思路指指点点，而是直陈利弊，抓住刘邦在乎得失、关心胜负的心理，用委婉的口气进行劝说，句句话说到了刘邦的心坎上，所以刘邦接受了批评。

从这个小故事中，我们可以得出这样一个结论：我们在批评别人的时候，尽量不要批评得非常直接，说话要尽量委婉，要说到对方的心里去；批评的目的在于让别人意识到自己的错误，而不是把别人一棍子打死，所以要站在对方的立场上，"动之以情，晓之以理"，让对方自身意识到自己的错误。

为了如期收到批评的效果，心理专家列出了批评别人时应该掌握的10项技巧：

1. 态度宽容：懂得我们大家都会经常犯错误的道理，采取一种更加宽容和善解人意的态度。

2. 免嘲讽：避免进行讽刺和嘲笑他人的批评。

3. 内容具体：使批评的原因或内容具体化，避免“你是一个懒汉”、“你欺负其他人”、“你不负责任”之类的言辞。

4. 避免主观：根据客观事实，明确地提出批评。用客观事实说明什么是导致你批评他的原因，避免做主观评价。

5. 注重效果：只有在被批评者的表现或态度有可能得到改正的情况下才提出批评。相反，进行批评就没有意义。

6. 选择时机：选择批评的合适时间和地点。等具备了各种合适的条件后，再进行批评，以便让被批评者接受。

7. 设身处地：承认在类似的情况下，你也犯过类似的错误，但是你善于吸取教训。

8. 准备充分：鉴于你了解将要接受批评的人，你应提前做好准备，设想你可能得到的各种各样的回答。

9. 语气平和：在最困难的时刻，保持一种平和的态度，必要时用坚定的语气表述看法，再加上不容置疑的表情。

10. 褒贬兼顾：如果对方不等你说完就提出异议，你要试图安慰他，并向他解释你批评他的目的。

方式101 巧妙触动对方心结，让对方心服口服

关键词：批评式沟通·批评技巧·做错事

适用情境：当对方做错事，要善意地批评他时，可运用此方式。

足球巨星贝利小时候曾经经历过这样一件事情：

有一次，贝利和小伙伴练球。在中场休息的时候，有几个小伙伴在抽烟，

贝利出于好奇就要了根香烟学着抽起了烟。这一幕正好被经过此地的父亲看到了。贝利的父亲一向反对抽烟，不允许家里人抽烟，但是，此时看到自己的儿子抽烟，他并没有生气，只是默默地看了贝利一会儿，就离开了。贝利对此非常难过，觉得辜负了父亲的期望，对不起父亲。

贝利恨不得让父亲大骂自己一顿，但是父亲一连好几天都没有动静。这反倒让贝利更加愧疚。

这天，父亲终于开口对贝利说话了，话题是从贝利最喜欢的足球开始的：

"儿子，你不是最喜欢足球吗？"

"是的，父亲。"贝利满脸疑惑。

"你不是想成为世界上最优秀的足球运动员吗？"父亲接着问道。

"是的，父亲，我一定不会让您失望的。"贝利借机向父亲表决心。

"孩子啊，作为父亲，你能有这样的理想，我实在是很高兴。当然，我也很高兴你有这样的天赋。"父亲语重心长地说，"但是，儿子，你有没有想过，要想成为一名出色的足球运动员，不仅仅需要你具有高超的球技，如果没有健康的体魄，即使球技再好，也不会成为出色的运动员的？"

贝利认真地倾听着父亲的教诲。

"但是，孩子！"父亲接着说，"当我看到你抽烟的时候，我就非常担心，如果现在你学着抽烟，我可以预见你将无法为成为一名出色球员，因为你没有打下良好的身体素质基础。要不要成为一名出色的球员，这事还得你来决定。"

听完父亲的话，贝利懊悔地低下了头。

但是父亲好像还有话要说："如果你决定要抽烟，而不是做一名球员，这就是你抽烟的费用。"父亲边说边递过来一些钞票。

"父亲，我错了。"小贝利彻底认识到了自己的错误，"父亲，我还是要踢球，而且要做一个出色的球员，我以后再也不会抽烟了。"

从那以后，贝利练球更刻苦了。一直到成为闻名世界的球星，他再也没有抽过烟。

当看到自己的孩子抽烟的时候，很多父亲的做法肯定是当面指责孩子不对，有的父亲甚至会对孩子大打出手，但是球王贝利的父亲采取了另外一种措施。他虽然也是当面“批评”贝利的，但是他的每句话都说到了点子上。俗话说“巧言攻心”，就是这个道理。如果我们在批评人的时候，能巧妙地触动对方的心结，就能让对方意识到自己的错误。在这方面，拿破仑也是高手。

拿破仑在带兵打仗的过程中，经常能发现犯错误的士兵。开始的时候，拿破仑不会顾及士兵的面子和情绪，会当众指出士兵的错误，狠狠地批评他们；但是，慢慢地拿破仑发现，这样做并没有什么效果。于是，拿破仑试着用另外的方式来教育那些犯错误的士兵。

那是征服意大利的一次战役。这天晚上，拿破仑在巡夜的时候，发现一名站岗的士兵靠着大树睡着了。拿破仑当时虽然非常生气，但是还是强忍住了自己心中的怒火。他捡起士兵的枪替他站起了岗。过了半个多小时，那个士兵终于醒了。从睡梦中醒来的士兵发现自己身边站着拿破仑，非常害怕。

但是拿破仑没有生气，他心平气和地对士兵说：“我知道，今天打了一天的仗，大家都累了，如果我是你，我也会睡着的。但是这是你的枪，你在打瞌睡的时候不能丢下手中的枪啊，一旦发生突发情况怎么办呢？小兄弟，我们是来打仗的，如果不小心把自己的命丢在了这里，我们还怎么回去见我们的父母兄弟！你说呢？”

听了这样一席话，那个刚才还迷迷糊糊的小士兵满脸通红，羞愧难当。

“我知道，今天打了一天的仗，大家都累了，如果我是你，我也会睡着的。”拿破仑用这句话把自己和小士兵的距离拉近了。拿破仑虽然没有用严厉的语言批评小士兵，但同样使小士兵受到了教育，收到了预期的效果。

巧言攻心，把话说到对方的心窝里才会让对方心服口服，才会让对方意识到自己的错误。

方式 102 尽量保全别人的面子

关键词：批评式沟通·批评技巧·保全面子

适用情境：与人交往或在别人犯了错误，批评别人的时，需运用此方式。

中国人最大的特点就是爱面子，无论做什么事都会考虑到自己的面子。“面子”到底是什么东西呢？面子说白了就是尊严。谁都希望自己在别人面前有尊严，被人重视，被人尊重。因此，我们在与人交往、为自己争得面子的同时，也别忘了给别人留些尊严，这一点非常重要。事实上，不仅与人交往的时候要保全别人的面子，即使是在别人犯了错误，批评别人的时候也要尽量保全别人的面子。

20个世纪30年代初，正是美国经济大萧条时期，整个纽约到处都是被饥饿威胁着的下岗工人。

一个17岁的小姑娘费尽周折才在一家高级珠宝店里找到了一份销售员的工作。小姑娘知道这份工作来之不易，因此工作非常努力。

这是圣诞节的前一天，往年的这个时候，珠宝店里的人川流不息，但是，今天这里的顾客却寥寥无几。

晚上，在珠宝店快要关门的时候，门口来了一位30多岁穿着一般的男子。男子满脸哀愁，用一种渴慕的目光盯着柜台里琳琅满目的珠宝。

这个刚刚上岗的小姑娘正在整理着一批珠宝。就在这个时候，旁边的电话铃响了。由于着急去接电话，姑娘不小心把手里正在整理着的一个珠宝盒子打翻了。6枚精美绝伦的钻石戒指落到地上。姑娘看到这一突发情况，也没有心思去接电话了，赶快走出柜台在地上寻找那掉下来的6枚戒指。

1、2、3、4、5……姑娘找来找去只找到了5枚，剩下的那一枚，无论如何也找不到了。小姑娘急得满头大汗，该怎么办呢？就在小姑娘十分着急的时候，她突然看到那个衣着破旧的男子正向门口走去。

小姑娘忽然之间明白了，肯定是他顺手牵羊拿走了。

就在那个男子的双手触及门柄的时候，小姑娘追了上来，心平气和地说道："先生，对不起，打扰一下。"

听到小姑娘的招呼声，那个男子转过身来，看着小姑娘，有点局促不安。

沉默，令人难堪的沉默……

"什么事？是叫我吗？"男子忽然问道，脸上有一些不安的情绪。

小姑娘稍微思考了一下，几乎是用央求的口气说道："先生，这是我头一回工作。现在找个工作很难，想必您也深有体会，是不是？"

男子的脸上掠过了一丝笑意，随后满脸通红，非常抱歉地说道："是的，确实如此，但是我能肯定，你在这里会干得不错。我可以为你祝福吗？"

男子说完这席话之后，把手伸向了姑娘。

"谢谢您的祝福。您是个好人，我也祝福您。"姑娘说着，也伸出了手。

两只手紧紧地握在了一起。

之后，男子转身离开了珠宝店。姑娘看着男子离开之后，把手中握着的第6枚戒指放回原处。

按照正常的思维，我们在遇到盗贼的时候，即使不报警，也会严厉地指责对方。但是，故事中的小姑娘采取了另外一种策略，她彬彬有礼，巧用暗示，既要回了戒指，又给对方留足了面子，更重要的是通过简单的言语，感化了那个男子，使那个男子意识到了自己的错误。男子在被小姑娘劝说之后，非常体面地改正了自己的错误，这是一个完美的结果。

其实，这位男子并不是普通意义上的盗贼，他很可能是为生计所迫，不得已而为之。如果小姑娘在遇到上述情况之后，第一反应是大喊捉贼或者报警，很可能就会断送掉这个男子的一生。小姑娘选择了一种非常明智的方式，很好地解决了一个非常棘手的难题。

在日常生活中，我们也应该像小姑娘学习，在面对犯错的人的时候，首先要想到通过感化的方式使别人意识到自己的错误，而不是采取极端行为。当然，如果遇到的是罪大恶极的犯罪分子，还是尽快把他交给警察解决比较好。

方式103 间接批评比直接指出他人过失更奏效

关键词：批评式沟通·间接批评·他人过失

适用情境：当他人有过失当面指出不妥当或不可行时，可运用此方式。

有时候，当面或者直接批评别人不够妥当或者不可行，这时候我们就要想方设法，采取间接的措施，旁敲侧击来“批评”对方。

这样的批评方式非常奏效，并且不会存在任何风险，值得尝试。

汉武帝登上皇位的时候年龄还很小，生活起居都是奶妈打理。后来随着汉武帝慢慢长大，奶妈也逐渐老了。

按照规矩，皇帝长大以后，皇帝的奶妈是要离开皇宫到外面生活的，但是汉武帝的奶妈在皇宫里生活了几十年，她不想离开皇宫半步。

当时，汉武帝也没有撵走奶妈的意思，但是，奶妈随着年龄的增加，说话越来越啰唆，还好管闲事，这让汉武帝非常反感。

有一次，奶妈又在汉武帝面前唠唠叨叨，汉武帝一气之下声言要把奶妈撵出宫去。

奶妈意识到了问题的严重性，她知道能帮助自己的只有当时的名士东方朔。

东方朔听了奶妈的话，心里很生气，觉得汉武帝有点忘恩负义，就决定好好地批评一下汉武帝。

沉思片刻，东方朔对皇帝的奶妈说："当你向皇上辞行时，只需回头看皇上两次，我就有办法了。"

第二天，奶妈临行叩别汉武帝。她热泪盈眶，三步一顿足，两步一回头，显得非常不舍。

这时候，东方朔趁机走上前去，对奶妈说："你快走吧！皇上现在已用不着你喂奶了，还担心什么呀？"汉武帝本来也并不怎么怪奶妈，只是有些烦她罢了，看到奶妈恋恋不舍的样子已经心有不忍，又听得东方朔这么一说，更觉得不应该把奶妈撵出宫。于是，汉武帝收回成命，允许奶妈继续留在宫里。

东方朔果然是聪明，一句话便令一言九鼎的汉武帝改变了主意。那么，东方朔的那句话究竟为什么有这么大的效果呢？其实，我们不难看出，东方朔明里是在劝奶妈不要担心皇帝，暗里却是在批评皇帝忘恩负义。

其实，东方朔在决定帮助奶妈的那一刻就想好好地批评一下汉武帝，但是自己作为臣子，要批评自己的皇帝，必须要动动脑子，正面批评肯定不行，弄不好会丢掉身家性命，于是只好采用旁敲侧击的策略——既要给足皇帝面子，又要让皇帝意识到自己的错误。

很明显，东方朔的这一策略是正确的。

其实，在我们的日常生活中，当我们批评别人的时候，"旁敲侧击，间接批评"的战术是非常有效的。

我们知道，每个人都是有自尊心的，如果我们当面直截了当地批评别人，难免会让对方不服，很多时候还会让对方怀恨在心。其实，犯了错误的人并不是真的不愿意接受批评，而是接受不了当众的批评。心理学家认为，人们往往很容易接受间接的批评。因为间接批评会使犯了错误的人在改正错误时，觉得似乎是自觉行动，而不是在别人的训斥、督促下的被迫行为。

间接批评往往会取得正面的效果，这不仅对好人如此，即使是对那些走上犯罪道路的人也非常有效。郑板桥就经历过这样一件事情：

那时，郑板桥决意辞官以后，就"一肩明月，两袖清风"，带了一盆兰花和一条黄狗回乡隐居。

这天晚上，天寒月黑，风雨交加，郑板桥不知为何怎么也睡不着。就在辗转难眠的时候，他突然发现有个小偷溜进了自家的屋子，躲在房梁上。面对这一突发情况，郑板桥气定神闲。略加思索之后，郑板桥吟起了小诗："细雨清风夜深沉，梁上君子进我门。"

这时，躲在梁上的小偷正要行动，闻听此言，不禁一惊。

但是好像还没有结束，郑板桥接着又吟道："腹内诗书存千卷，床头金银无半文。"

这时小偷才明白，原来主人已经发现了自己，于是赶紧出门，准备逃走。小偷刚跑出门去，又听得郑板桥吟道："出门休惊黄尾犬。"这是郑板桥在提醒小偷门口有狗。于是小偷想：那我就逾墙而去。小偷在墙边正想越墙而逃，只听得郑板桥又吟道："越墙莫损兰花盆。"小偷一看，原来这是在提醒自己翻墙的时候不要打碎墙角的那盆兰花。

小偷好不容易翻出墙去，只听得里面又大声吟道："天寒不及披衣送，趁着月亮赶豪门。"

小偷自觉羞愧难当，飞似的逃跑了。

试想一下，如果郑板桥不是采用这种方法，而是正面和小偷对抗，很可能会发生意外，也不会对小偷产生教育意义。郑板桥采用了旁敲侧击的方法，不仅保护了自己，还让小偷意识到了自己的错误，真是一举两得。

像这样的例子还有很多，其实我们每个人都可以做到。当我们批评别人的时候，尽量不要采取当面、直截了当的批评方式，有时候，含蓄地表达我们的意思反而会取得更好的效果。所以，如果你想说服他人，请间接指出他人的错失。

方式 104 用自我调侃的方法进行批评

关键词：批评式沟通·自我调侃·打破僵局

适用情境：当要表达自己对他人的建议或批评，使他人与自己不陷入尴尬境地时，可运用此方式。

适时的自我调侃，可以打开僵局，打破沉闷的气氛，营造良好的氛围。这是解决困境的一个重要而有效的方法。

1915年，丘吉尔还是英国海军大臣。不知是心血来潮，还是什么原因，他突然要学开飞机，飞行员们只好遵命。

丘吉尔还真有股韧劲，刻苦用功，拼命学习，把全部的业余时间都用上了，连负责训练他的飞行员都累坏了。丘吉尔虽称得上是杰出的政治家，但操纵战斗机跟政治是没什么必然联系的。也可能是隔行如隔山吧，总之，丘吉尔虽然刻苦用功，但就是对那么多的仪表搞不明白。

有一次，在飞行途中，天气突然变坏，一段16英里的航程竟然花了3个小时才抵达目的地。着陆后，丘吉尔刚从机舱里跳出来，那架飞机竟然再次升空，一头撞到海里去了，旁边的军官们吓得怔在那里，一动不动。原来，丘吉尔忘了操作规程，在慌乱之中又把引擎发动起来了。望着眼前发生的一切，丘吉尔也不知所措，好在他并没有惊慌，装作茫然不知似的，耸耸肩自我调侃道："怎么搞的，这架飞机这么不够意思，刚刚离开我，就又急着去和大海约会了。"一句话，缓解了紧张的气氛，也让丘吉尔摆脱了尴尬。

可见，在有些尴尬的场合，适时合理地自我调侃一番，既能使自尊心通过自我排解的方式受到保护，还能体现出说话者宽广大度的胸怀。

当了首相后的丘吉尔有个习惯，一天之中无论什么时候只要一停止工作，他就爬进热气腾腾的浴缸中去泡一泡，然后光着身子在浴室里来回地踱步，一边思考问题，一边让身体放松放松，有时甚至会入迷。有一次，丘吉尔率领英国代表团到美国进行国事访问，为了方便两国领导人交流、沟通，组织者特意安排丘吉尔下榻在白宫，与美国总统罗斯福住得很近。一天，丘吉尔又像往常一样泡在浴缸里，尔后光着身子踱步。当时，世界反法西斯战争打得如火如荼。丘吉尔在思考着战场上的形势，以及如何同美国联手。想着想着，他忘了自己身在何地，而且还是光着身子。碰巧，这时罗斯福有事来找丘吉尔，发现屋里没人。罗斯福刚欲转身离去，听见浴室里有水响，便走过来敲浴室的门。丘吉尔正在聚精会神地考虑问题，听见有人敲门，本能地说了一句："进来吧，进来吧。"门打开了，美国总统罗斯福看到丘吉尔一丝不挂，十分尴尬，进也不是，退也不是，索性一言不发站在门口。

此时，丘吉尔也清醒了，他看了看自己，又看了看罗斯福，急中生智地说道："进来吧！总统先生。大不列颠的首相是没有什么东西可对美国的总统隐瞒的。"说罢，他们都不约而同地哈哈大笑。

自我调侃，就是通过对自我的嘲弄，迂回地表达自己对他人的建议或批评，从而维护别人的自尊，使别人与自己避免陷入尴尬的境地。

当然，自我调侃不是在任何场所、任何人都可以用的，它要因人因时因地而异，如果使用不当，就会适得其反，使自己当众出丑。

自我调侃时要认清形势，恰到好处地对它加以运用，从而使自己从困境中解脱，创造良好的社交环境。

方式105 不要只盯住别人的缺点和问题不放

关键词:批评技巧·沟通方式·宽容待人

适用情境:当面对他人的错误或问题时,需运用此方式。

《郁离子》中讲了这样一个故事:赵国有个人家中老鼠成患,就到中山国去讨了一只猫回来。中山国的人给他的这只猫很会捕老鼠,但也爱咬鸡。过了一段时间,赵国人家中的老鼠被捕尽了,不再有鼠害,但家中的鸡也被那只猫全咬死了。赵国人的儿子于是问他的父亲:"为什么不把这只猫赶走呢?"言外之意是说这只猫有功但也有过。赵国人回答说:"这你就不懂了,我们家最大的祸害在于有老鼠,不在于没有鸡。有了老鼠,它们偷吃咱家的粮食,咬坏了我们的衣服,穿通了我们房子的墙壁,毁坏了我们的家具器皿,我们就得挨饿受冻,不除老鼠怎么行呢?没有鸡最多不吃鸡肉。赶走了猫,老鼠又为患,为什么要赶猫走呢?"

这个故事包含了这样一个简单的道理:任何事情有好的一面,自然也有存在问题的一面,但是我们应该看其主流。赵人深知猫的作用远远超过猫所造成的损失,所以他不赶猫走。在日常生活之中,如果只是盯住别人的缺点和问题不放,怎么去团结人、充分发挥人才的积极性呢?

孔子说:"小不忍则乱大谋。"要做大事,需纵观全局,不可纠缠在小事之中,摆脱不出。

他人如果做错了一些小事,不必斤斤计较。动辄责骂训斥,只会把你们之间的关系弄僵。相反,要尽量宽待他人,得饶人处且饶人,是缓和与他人矛盾的最基本的原则。

在与人沟通、处理事情的时候,一味地强调细枝末节,以偏盖全,不抓住要害问题去做工作,没有重点,头绪杂乱,不知道从哪里下手做起才是正确的。因此无论是用人还是做事，都应注重主流，不要因为一点小事妨碍了事业的发展。须知金无足赤，人无完人，我们要用的是一个人的才能，不是他的过失，那为什么还总把眼光盯在那过失上边呢？

在与人沟通过程中，对他人给予宽容还表现在，得罪你的人出现困难时，你也要真诚地帮助他。特别提醒的是要真诚，否则如果让他觉得你是勉强的，他就会觉得很不自在，甚至依然不会领情。如果对方是一个自尊心极强的人，他就会把你的帮助看作是你对他的一种蔑视，一种施舍，从而加以拒绝。

方式106 礼貌地批评他人

关键词：批评式沟通·语言技巧·礼貌批评

适用情境：当要批评他人时，需运用此方式。

生活中与人交涉时，难免有人与你的意见相左。如何指出他人的过失，不是单单指正的问题，如运用得不好，不但对方不会听从你的意见，还会你对心生怨恨，进而产生抵触情绪。

批评别人要讲究艺术、注意技巧。每个人都有自己的生活环境与生存方式，从而形成了不同的行为，你认为别人出错要加以批评的东西也可能是别人认为万无一失的。所以，如果你试图批评别人一定不能直接，而要委婉运用一些技巧，用尊重别人的审慎的方式。

要尊重别人的自尊心，不能当众奚落、挖苦别人的错误。周总理在这方面总是本着与人为善的态度，他不但对别人的缺点进行了批评，而且还使人心悦诚服。

1952年，总理率团抵达前苏联，与前苏联关于“一五”期间的援建项目进行谈判。到达前苏联以后，他召集了相关人员开会，逐字逐句讨论修改计划的草稿。

复印前，他又再三叮嘱工作人员不能有一点差错，可当总理拿到稿子的时候还是发现有明显的错误，但他并没有立刻批评校对的同志。第二天，在与工作人员共进午餐的时候，总理特地与这位负责校对的同志碰了杯，笑着说："罚酒一杯吧。"既亲切又严肃，使这位同志认识到错误而又不会尴尬，收到了良好的效果。

通常，我们听到自己的长处受到赞扬后再听到批评，会感到容易接受一些。美国总统柯立芝有一次批评他的女秘书，说："你今天穿的衣服真漂亮，真是一位迷人的小姐。不过，希望你今后能对标点符号再多注意一些，那么你打出来的文件就会像你的人一样漂亮。"

对方有了缺点或犯了错误，如果你只是一味地加以批评，讲话强硬，比如"你怎么这么笨?""你这样做就是太不应该了"等，是不会收到预想的效果的，反而还会使你的个人威信大受影响。

其实，别人做错事时，心里也会自我反省，觉得抱歉、恐慌、不知所措，此时如果你又对他大为指责，只会使他羞愧难过，无法再树立起信心，甚至会激起他的逆反心理，就是要与你对着干，你还真的没有别的办法。如果换一种语气："从今以后，你自己要多注意，不能再犯类似的错误。""我相信，如果你细心点，一定不会再有类似的错误了。"这样一来，对方不仅会感激你对他的信任，而且还会感受到你的真诚，并在自己以后的工作中一定会小心、谨慎。

胡拂是美国一位著名的飞行员，常常参加飞行表演。有一次，他在表演后回程中，飞机的两个发动机在 90 多米的高度时突然熄火，他凭着熟练的技术使飞机安全降落，才没有造成人员伤亡。

着陆后，他发现是燃料加错了才导致的事故。回到机场，他见到为他加燃料的年轻人。那年轻人正在为自己的过失而苦恼着。他泪流满面地对胡拂说："由于我的过错，毁坏了一架价格昂贵的飞机，而且还差点使 3 个人送命，我的罪过不可原谅。"可是，胡拂并没有指责他的失误，而是笑着拍了拍他的肩膀，说："为了向你表明我坚信你不会再这么做，我希望你给我的 F15 战斗机提供服务。"这样的批评不仅使这位年轻人心存感激，而且还会让他在今后的工作中格外认真。这样的交涉收到了好的效果。

在与人沟通中，必要的批评与建议是不可少的，我们要更为巧妙地使用它，从而使你的社交活动更完美。

方式 107 不要以自己的观点去否定对方

关键词：批评式沟通·批评技巧·偏见

适用情境：当与人发生矛盾或产生误解时，可运用此方式。

古代有个故事：阳朱到宋国去，住在旅店里。旅店主人有两个妾，其中一个漂亮，一个丑陋，可是长得丑陋的受到宠爱而长得漂亮的却受到冷淡。阳朱问其缘故，年轻的店主回答："那个长得漂亮的自以为漂亮，但是我却不觉得她漂亮；那个长得丑陋的自以为丑陋，但是我却不觉得她丑陋。"阳朱转而对弟子说："弟子们记住！品行贤良但却不自以为具有了贤良品行的人，到哪里去不会受到敬重和爱戴呢？"

是非往往是由偏见造成的，人们喜欢自以为是，以自己的观点去否定对方，而不设身处地地为对方着想。所以，刚刚肯定随即就是否定，刚刚否定随即又予以肯定；依托正确的一面，同时也就遵循了谬误的一面；依托谬误的一面，同时也就遵循了正确的一面。因此，圣人不走划分正误是非的道路，而是观察比照事物的本然，也就是顺着事物自身的情态。

有一个故事：

张家与李家是邻居，张家老是吵架，李家则是内外融洽。日子久了，张家很纳闷，就询问李家："为什么我们家天天吵架，永无宁日；为什么你们家一团和气，从来没有纠纷呢？"

李家的人说："因为你们家都是好人，所以总是吵架；我们家都是坏人，所以吵不起来。"

"这是什么意思？"

"比方说，有人打破了花瓶，你家的人都觉得自己没有错，错在别人，一味地指责别人的不是，自然就争执不休了。我们家的人怕伤害到家人，宁可先认错。打破花瓶的人马上道歉：'对不起！对不起！是我太不小心了。'对方也立刻自责：'不怪你！不怪你！都怪我把花瓶放在这里。'人人承认错在自己，关系自然就和谐了。"

一个人是否具有"豁达大度"之心胸并非小事，它不但关系到我们的工作、学习乃至生命和健康，而且还关系到自身事业的兴衰与成败。

我们生活在社会群体中，人与人之间发生矛盾、产生误解是常有的事。如何处理好这方面的问题，我们的祖先留下了许多闪光的思想和可供借鉴的经验。明代朱衮在《观微子》中说过："君子忍人所不能忍，容人所不能容，处人所不能处。"而在为人处世上动辄发怒使性子的人，最终毁掉的不仅仅是自己的风度，还包括自己的前途。

被人误解，不要太委屈，错的是别人，不是自己，相信事情真相终会大白。当我们做错了事免不了会受到责备时，先冷静下来，从自我意识中深刻的反思，这样就不至于发生争吵。